A HISTÓRIA DAS
RELIGIÕES

*A rica história das
maiores religiões do mundo*

A HISTÓRIA DAS
RELIGIÕES

John Hawkins

M.BOOKS

M.Books do Brasil Editora Ltda.

Rua Jorge Americano, 61 - Alto da Lapa
05083-130 - São Paulo - SP - Telefone: (11) 3645-0409
www.mbooks.com.br

Dados de Catalogação da Publicação

HAWKINS, John.

A História das Religiões/John Hawkins.
2018 – São Paulo – M.Books do Brasil Editora Ltda.

1. Religião 2. História
ISBN: 978-85-7680-298-3

Do original:
The Story of Religion
Original em inglês publicado pela Arcturus Publishing Limited.

© 2016 Arcturus Publishing Limited
© 2018 M.Books do Brasil Editora Ltda.

Editor: Milton Mira de Assumpção Filho
Tradução: Maria Beatriz Medina
Produção Editorial: Lucimara Leal
Capa: Triall Editorial
Editoração: Crontec

2018
Direitos exclusivos cedidos à
M.Books do Brasil Editora Ltda.
Proibida a reprodução total ou parcial.
Os infratores serão punidos na forma da lei.

SUMÁRIO

INTRODUÇÃO 12

JUDAÍSMO 14

Abraão e os israelitas 16
Os mitzvot e a Halachá 16
O reino de Israel 17
Os israelitas sob os reis 18
A destruição dos reinos 18
Sob o império persa 19
O helenismo 19
Os macabeus 19
Os romanos 20
O judaísmo depois do Templo 21
A Idade Média 22
Os judeus sob o islamismo 22
Estudiosos, poetas e estadistas 24
Perseguição 25
Reconquista 25
Os judeus na Europa cristã 26
Os judeus na Pérsia 27
Os judeus no Iêmen 27
Os judeus na China 28
Os judeus na Índia 28
Os judeus na Etiópia 29
Sefarditas 29
Asquenazitas 30

6 SUMÁRIO

Movimentos religiosos..31
O Iluminismo judeu..32
O movimento da Reforma..33
Antissemitismo...34
Sionismo...34
Migrações...35
Socialismo...35
Primeira Guerra Mundial..36
O sionismo avança...37
A ascensão do nazismo..37
O Holocausto...38
O Estado de Israel...40
Israel se expande..41
O judaísmo em Israel...43
O judaísmo na diáspora...43

CRISTIANISMO 46

O nascimento de Jesus...48
A vida de Jesus...49
Ministério...49
Prisão..51
Crucifixão e ressurreição...51
A disseminação da palavra...52
Mártires..53
São Paulo..53
A antiga Igreja...55
Perseguição...55
Bispos, diáconos e padres..56
Constantino e os cristãos...57
O Concílio de Niceia...58
Religião estatal...58
A queda do Império Romano..58
Início da Idade Média..60
A divisão Oriente-Ocidente...61
O crescimento dos mosteiros...62
Franciscanos e dominicanos...63
Sacro Império Romano..64
Papas rivais...65
Cruzadas...65
Martinho Lutero..67
A imprensa...68
Calvinismo..68

SUMÁRIO 7

A rebelião de Henrique VIII 69
A Contrarreforma 70
Guerras religiosas 71
Puritanos 72
Batistas 72
Cristãos na América do Norte 72
John Wesley e os metodistas 74
Novo renascimento e mais revelações 74
Missionários cristãos 75
O movimento carismático 76
Evangelismo moderno 76
Teologia da libertação 76
O cristianismo hoje 77
Fundamentalistas 78
Mulheres sacerdotes 78
Reunião 79

ISLAMISMO 80

Maomé 82
A hégira 83
Reformas radicais 83
Os omíadas 85
Debate 86
A expansão do Islã 87
Avanços abássidas 88
Xaria 88
Um império dividido 89
O Califado de Córdoba 89
Os fatímidas 90
Os seljúcidas 90
As Cruzadas 91
África 92
Oceano Índico 93
Índia 94
Os mamelucos 94
Os mongóis 95
Tamerlão 96
Os otomanos 96
Os safávidas 98
Os mogóis 100
Fraqueza otomana 102
O islamismo no mundo 102

8 SUMÁRIO

África ocidental 102
Índia 103
Egito 104
Muçulmanos sob domínio francês 106
Arábia Saudita.. 106
Independência e islamismo 107
Índia 108
O conflito árabe-israelense 109
Radicais islâmicos 109
Irã 110
Problemas mundiais.. 111
Um novo extremismo 112
O islamismo hoje.. 113

HINDUÍSMO **115**

Antiga sabedoria indiana 116
A religião eterna 116
A criação do mundo material.. 116
Relatos tradicionais da história 117
Maabárata 118
A teoria da invasão ariana... 118
Revisão das teorias 119
Literatura védica 121
O período védico.. 121
Reinos hinduístas 122
O Império Máuria (c. 321-184 a.C.) 123
Puja.. 123
O Império Gupta (320-550 d.C.) 124
Os puranas.. 125
O Império Chola (850-1279) 125
O hinduísmo no sudeste da Ásia 126
Os santos-poetas do sul da Índia 126
Movimentos Bhakti... 128
Estudiosos e filósofos... 129
Filosofia vedanta... 129
Acharias 130
A Índia dominada por muçulmanos 131
O sistema social hindu 132
O Império Mogol.. 132
Novo reino hinduísta 133
O bhakti varre a Índia 133
Santos bhakti... 134

Música, mantras e dança 134

O nascimento da religião sique 135

O domínio britânico na Índia (1757-1947) 135

Movimentos de reforma 136

Migração para o Caribe 137

África e sudeste da Ásia 138

O nacionalismo indiano 139

O movimento de Gandhi 140

Gandhi e as castas 140

Independência indiana 141

Caxemira 142

Nepal 142

Migração de Uganda 143

Migração da Índia 144

Líderes e movimentos mundiais 144

Mulheres gurus 145

Hinduísmo e política indiana 146

Identidade hinduísta 146

O hinduísmo como caminho espiritual 147

Rumo a um mundo pacífico 147

BUDISMO **148**

O nascimento de Buda 150

Uma vida de luxo 150

As quatro visões 151

A busca da verdade 152

Iluminação 152

O primeiro ensinamento 152

Criação da sanga 154

Falecimento 154

Primeiro Concílio Budista 154

Segundo Concílio Budista 155

Surge o cisma 156

Disseminação do budismo 156

Gandara 157

O Império Máuria 158

Açoca e o budismo 159

O Império Cuxana 159

O Império Gupta 160

Declínio do budismo 161

Sri Lanka (Ceilão) 161

Indonésia 163

10 SUMÁRIO

Mianmar 164
Vietnã, Camboja e Laos 165
Tailândia 165
China 166
Coreia 167
Japão 168
O antigo budismo tibetano 170
Tradução dos textos 170
Budismo tântrico 171
Diversas escolas 172
Os Dalai Lamas 173
Invasão chinesa 174
Budismo engajado 174
O budismo no sudeste da Ásia 175
O budismo na Índia 176
O budismo no Ocidente 176
Tradições budistas no Ocidente 178
O novo movimento Kadampa 178
O futuro do budismo 179

SIQUISMO 180

Começo da vida de Nanak 182
Estudo do hinduísmo 182
Estudo do islamismo 184
Sultanpur 184
Viagens 184
Hinos 186
Os primeiros siques 186
Continuação do trabalho 187
O templo de Amritsar 188
O livro sagrado 188
Imperadores mogóis 188
Guru Hargobind 190
Guru Tegh Bahadur 191
Guru Gobind Singh 191
O décimo primeiro guru 192
O século XVIII 194
Os britânicos na Índia 194
Ranjit Singh 195
O Tratado de Amritsar 196
Movimento para o norte 197
Primeira Guerra Anglo-Sique 197

SUMÁRIO 11

O Tratado de Lahore 198
Ressentimento sique 198
Segunda Guerra Anglo-Sique 199
A anexação do Punjabe 201
Agitação sique 201
O Massacre de Amritsar 201
Os planos da Partição 202
A partição do Punjabe 203
Protestos 203
Jarnail Singh Bhindranwale 205
Operação Estrela Azul 205
Revoltas antissiques 206
Siques no mundo 206
Canadá e Estados Unidos 206
África oriental 207
Siques no Reino Unido 208
Jats e não jats 208
Religião próspera 209

LINHA DO TEMPO **210**

ÍNDICE REMISSIVO **214**

INTRODUÇÃO
AS RAÍZES DA FÉ

Ninguém sabe com certeza como a religião começou. De acordo com uma teoria, ela se desenvolveu como um aglutinante para manter unidas as sociedades. Para que todos cooperassem, teria sido útil desenvolver um sistema de crenças que promovesse um comportamento altruísta. Também é possível que a religião tenha surgido como tentativa de desenvolver algum tipo de relacionamento com as forças naturais que governavam a vida dos indivíduos, como um contrato ou acordo para que o Sol continuasse nascendo e o peixe ou a caça não sumisse. Talvez em parte tenha surgido da sensação de deslumbramento diante da beleza e da complexidade do mundo natural e do fato incrível da existência. Para os primeiros seres humanos, além da autoconsciência teve ter havido o desejo de entender o mundo, de contar histórias que ajudassem a explicá-lo.

À direita: gráfico de setores mostrando a distribuição mundial das religiões.

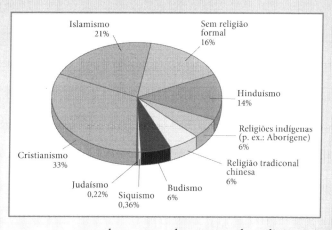

Mais uma vez, é impossível dizer exatamente quando começou a religião, mas indícios de práticas religiosas começam a aparecer no registro arqueológico durante o Paleolítico Superior (de 50.000 a 10.000 anos atrás). A descoberta numa caverna alemã de uma estatueta de homem com cabeça de leão de 40.000 anos feita com a presa de um mamute lanoso indica o desenvolvimento de alguma forma de mitologia nesse estágio. E encontraram-se indícios da crença na vida após a morte num túmulo em Sunguir, na Rússia, que data de 28.000 a 30.000 anos atrás. Além de restos mortais humanos, o túmulo continha joias, roupas e lanças, o que leva a perguntar: por que enterrar alguém com esses itens valiosos se não fosse para ajudá-lo na vida após a morte? Houve achados como esses no mundo inteiro. Claramente, a crença religiosa é uma característica universal comum a todas as culturas humanas.

Os estudiosos usam a palavra *animismo* para descrever as formas simples de fé que podem ter sido praticadas por nossos primeiros ancestrais. Os animistas acreditam que entidades não humanas, como animais, plantas e objetos celestes, têm uma essência espiritual. Aos poucos, nos últimos cinco mil anos, essas ideias animistas começaram a evoluir rumo ao sistema de crenças mais complexo que chamamos de religião. A partir da noção de que o Sol é um deus surgiu a ideia de que o Sol é *controlado* por um deus (animismo antropomórfico). Cada religião adquiriu narrativas, símbolos, moralidade e formas de culto próprias. Surgiram sacerdotes, escrituras e templos, passaram a existir relíquias e locais sagrados. As primeiras religiões foram quase sempre politeístas. O zoroastrismo e seu culto a Ahura Mazda, o único Ser Supremo, foi uma exceção.

As grandes religiões de hoje surgiram na Índia e no Oriente Médio, com mensagens de poder suficiente para atrair milhões de fiéis. Este livro traça a história dessas religiões, desde sua origem aos dias atuais. Ele examina os povos que as criaram e guiaram, os eventos que as configuraram, o rico legado de filosofia, cultura, arte e escritura que inspiraram e os rituais, costumes e festas que fizeram dessas religiões uma experiência viva para milhões de pessoas.

CAPÍTULO 1

JUDAÍSMO

O JUDAÍSMO não é apenas uma religião. O povo judeu é um grupo étnico: quem tem mãe judia é considerado judeu, pratique ou não a religião. Consequentemente, a história da religião judaica também é a história do povo judeu. Os judeus acreditam que descendem de uma tribo que vivia na antiga terra de Canaã, que engloba a maior parte dos atuais Israel, Palestina, Síria e Jordânia. A história da origem dos judeus, também chamados de israelitas ou hebreus nos tempos antigos, se encontra na Torá, um texto sagrado que contém os cinco primeiros livros da Bíblia. De acordo com o Gênesis, o primeiro livro, o ancestral que deu origem ao povo judeu foi um homem chamado Abraão.

JUDAÍSMO

Abraão e os israelitas Por volta de 1800 a.C., Abraão e seu clã partiram de Ur, na Mesopotâmia (atual Iraque), e foram para Canaã. Abraão tinha um filho, Isaque, que por sua vez foi pai de Jacó. Os doze filhos de Jacó deram origem às doze tribos de Israel. Devido a uma grave escassez de alimentos em Canaã, algumas tribos se instalaram no Egito, onde foram escravizadas. Várias gerações depois, de acordo com o livro do Êxodo, um grande líder chamado Moisés tirou os israelitas da escravidão e os levou para a liberdade em Canaã.

Há alguns indícios arqueológicos que comprovam a narrativa bíblica da migração de Abraão. Entre 2000 e 1500 a.C., o grupo nômade dos amoritas invadiu a Mesopotâmia e provocou o declínio de Ur. Isso pode ter levado Abraão a partir daquela terra.

Mas os especialistas discordam sobre a fuga do Egito para Canaã. Embora alguns acreditem que os israelitas deixaram o Egito numa única migração maciça, como afirmado na Bíblia, outros defendem que o povoamento mais gradual de Canaã é mais provável.

Os mitzvot e a Halachá Aos poucos, os israelitas formaram uma nação única com fortes princípios religiosos. Eles se uniam pela crença num Deus todo-poderoso que criou o universo. Acreditavam que Moisés recebeu a Torá diretamente de Deus e que os israelitas tinham uma aliança com Ele, que olharia por eles caso seguissem os mitzvot (mandamentos) da Torá.

Os *mitzvot* especificam as regras de comportamento em todas as áreas da vida

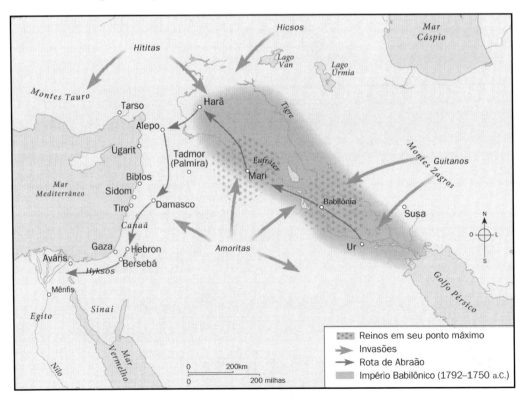

Este mapa mostra o surgimento do povo judeu entre 2000 e 1000 a.C. De acordo com a Bíblia, Abraão, Isaque e Jacó moravam em Bersebá, no sul de Israel atual.

judia religiosa e cotidiana. Por exemplo, os judeus devem comer alimentos *kosher*, preparados de forma adequada segundo a lei judaica. Também devem guardar o *Shabat*, ou sábado, como dia de repouso e oração. Deus também deu a Moisés a *Halachá*, a Torá oral, que explicava como cumprir os mandamentos. A Halachá foi passada boca a boca, de geração em geração.

O reino de Israel A Torá descreve de que modo as doze tribos israelitas em Canaã foram governadas em tempo de paz por conselhos de anciãos. Na guerra, cada tribo era comandada por um juiz, que era um chefe tribal. Muitas guerras se travaram. Os inimigos mais poderosos dos israelitas eram os filisteus, que se estabeleceram na planície costeira no sul de Canaã no final do século XI a.C. Eles atacavam frequentemente as tribos israelitas. Separados em tribos, os israelitas se mostraram fracos demais para rechaçar a ameaça filisteia e acabaram se unindo num só reino, o reino de Israel.

De acordo com o Livro do Êxodo, Moisés abriu as ondas do mar para que os hebreus pudessem fugir do Egito.

HEBROM, CIDADE SANTA

De acordo com o Gênesis, Sara, mulher de Abraão, morreu em Hebrom. Abraão comprou uma caverna e o campo circundante como túmulo para ela. Acredita-se que esse túmulo também seja de Abraão, Isaque, Jacó e suas mulheres (com exceção de Raquel, esposa de Jacó, enterrada perto de Belém). O lugar, perto da moderna cidade de Hebrom, na Cisjordânia, é sagrada para judeus, cristãos e muçulmanos, que consideram Abraão como seu ancestral.

Assim o campo de Efrom, que estava em Macpela, em frente de Manre, o campo e a cova que nele estava, e todo o arvoredo que havia nele, por todos os seus limites ao redor, se confirmaram a Abraão em possessão na presença dos filhos de Hete [os hititas, um clã local], isto é, de todos os que entravam pela porta da sua cidade. Depois sepultou Abraão a Sara sua mulher na cova do campo de Macpela, em frente de Manre, que é Hebrom, na terra de Canaã.

Gênesis, 23, 17-19

Os israelitas sob os reis

O reino de Israel começou por volta de 1000 a.C. e durou até 586 a.C. O primeiro rei foi Saul, que derrotou muitos inimigos e barrou o avanço dos filisteus. Saul foi sucedido por Davi, que esmagou os filisteus e conquistou a cidade de Jerusalém, que se tornou sua capital. Jerusalém se tornou o foco espiritual da religião judaica. Salomão, o sucessor de Davi, criou um reino poderoso e trouxe paz e prosperidade. Construiu cidades fortificadas e o magnífico Primeiro Templo de Jerusalém.

Apesar da fama de sabedoria, Salomão semeou a discórdia no reino: por exemplo, ele tributou todas as tribos menos a sua tribo de Judá. Depois de sua morte em 928 a.C., as tribos do norte se rebelaram e criaram um reino próprio, chamado Israel, enquanto as tribos do sul permaneceram leais ao filho de Salomão e criaram o reino de Judá.

A destruição dos reinos

Em 722 a.C., os assírios (da Mesopotâmia) capturaram Samaria, capital de Israel. O reino foi absorvido pelo Império Assírio e sua população foi deportada para a Mesopotâmia. Os exilados ficaram conhecidos como as dez tribos perdidas de Israel. No século seguinte, o Império Assírio declinou, e Babilônia, cidade da Mesopotâmia, ficou mais forte. Em 586 a.C., os babilônios conquista-

Esta descrição do reino de Salomão em seu ponto máximo vem da Bíblia:

Eram, pois, os de Judá e Israel numerosos, como a areia que está à beira do mar; e, comendo e bebendo, se alegravam. E dominava Salomão sobre todos os reinos, desde o rio [Eufrates]até a terra dos filisteus e até o termo do Egito; eles pagavam tributo, e serviram a Salomão todos os dias da sua vida [...]Pois dominava ele sobre toda a região e sobre todos os reis daquém do rio [...]e tinha paz por todos os lados em redor [...]A sabedoria de Salomão era maior do que a de todos os do Oriente e do que toda a sabedoria dos egípcios [...] e a sua fama correu por todas as nações em redor.

I Reis 4, 20-31

Este detalhe de um afresco de Michelangelo, na Capela Sistina, em Roma, mostra o profeta Ezequiel. Ezequiel foi um dos hebreus exilados na Babilônia quando os babilônios conquistaram Judá em 586 a.C. Ele profetizou que os hebreus voltariam à sua terra natal.

A área sombreada deste mapa mostra o reino de Israel no tempo do rei Salomão, de cerca de 970 a.C. a 928 a.C. O rei Salomão construiu cidades fortificadas como Megido, Hazor, Gezer e Bete-Horom para suportar sítios e proteger seu reino. Sob seu governo, o comércio com as terras vizinhas aumentou.

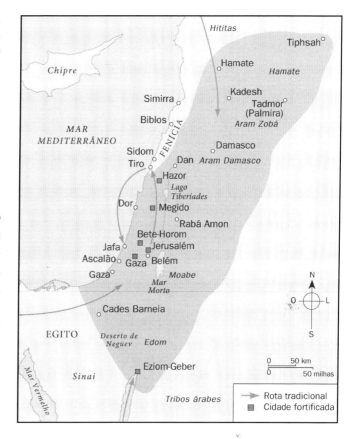

ram Jerusalém, destruíram o Templo de Salomão e deram fim ao reino de Judá. Os israelitas foram capturados ou mandados para o exílio na Babilônia, onde formaram uma comunidade organizada e preservaram sua identidade judaica.

Sob o império persa

Em 538 a.C., o rei Ciro, o Grande, da Pérsia (o Irã de hoje), conquistou Babilônia (sul da Mesopotâmia). Ele permitiu que todos os povos exilados pelos babilônios voltassem a suas terras, inclusive os judeus. A maioria deles preferiu ficar na Babilônia, onde se acredita que tivessem uma vida bastante próspera. Cerca de cinquenta mil judeus voltaram a Jerusalém em várias levas. Eles reconstruíram a cidade e, em 516 a.C., começaram a reconstruir o Templo.

Houve atrito entre os israelitas que voltavam e os que tinham ficado. Os retornados acharam que os judeus de Jerusalém tinham ficado relaxados: não seguiam as leis da Torá e muitos tinham se casado com não judeus. Por volta do século V a.C., os líderes religiosos Esdras e Neemias reinstituíram a lei judaica em Judá. Os judeus renovaram sua aliança com Deus e prometeram não trabalhar no sábado, pagar um tributo para sustentar o Templo e não se casar com não judeus.

O helenismo

A próxima grande reviravolta na fortuna dos israelitas ocorreu quando Alexandre, o Grande, derrotou os persas em 333 a.C. e, no ano seguinte, conquistou Judá. Alexandre era da Macedônia, no norte da Grécia, e ele e seus sucessores promoveram a cultura grega em seu império. Muitos judeus se sentiram atraídos pelos modos helênicos. Começaram a falar grego e abandonaram as tradições. Houve hostilidade entre os judeus tradicionais e os helenistas.

Os macabeus

As tensões entre as tradições gregas e judaicas provocaram uma revolta no século II a.C. Nessa época, os

JUDAÍSMO

Um chanuquiá (candelabro de nove braços) no Muro das Lamentações, em Jerusalém, aceso para a festa de Hanucá, que comemora a restauração do templo judeu em 164 a.C.

reis selêucidas (descendentes do general Seleuco, de Alexandre, o Grande) dominavam Judá e tentaram helenizar Jerusalém. Entre 175 e 163 a.C., o rei selêucida Antíoco IV saqueou o templo, vetou a prática judaica da circuncisão e proibiu os judeus de observar o sábado e ler a Torá. Antíoco anunciou que o templo seria reconsagrado ao deus grego Zeus e que animais — como porcos, considerados impuros pelos judeus — passariam a ser sacrificados lá. Comandados pelo macabeu Judá, os judeus se revoltaram. Em 164 a.C., eles recapturaram Jerusalém e restauraram o Templo, evento comemorado na festa de Hanucá. Os hasmoneus, uma família de Judá, fundaram uma dinastia que se manteve no poder no século seguinte.

Os romanos Em 63 a.C., os romanos conquistaram a terra de Israel. A princípio, permitiram que os hasmoneus continuassem a governar Judá. No entanto, em 37 a.C. Herodes, nomeado rei da Judeia (nome romano de Judá) três anos antes pelos romanos, sitiou Jerusalém e destruiu a dinastia hasmoneia. Ele executou muitos líderes judeus leais aos hasmoneus. Embora reconstruísse o Templo de Jerusalém, Herodes ainda era odiado como governante estrangeiro e cruel.

Em 6 d.C., a Judeia caiu sob o domínio romano direto. De 66 a 73 d.C., grupos rebeldes judeus combateram as autoridades romanas. Em 70 d.C., os romanos assumiram o controle de Jerusalém e queimaram o Segundo Templo (que tinha substituído o primeiro). Só restou o Muro das Lamentações.

Em 132 d.C., uma última revolta judia comandada por Simão bar Kochba expulsou os romanos de Jerusalém. Mas, em 135 d.C., eles reconquistaram a cidade e escravizaram a população. Nessa época, a maioria dos judeus já tinha partido da Judeia, que os romanos rebatizaram de Palestina. Eles se dispersaram por várias terras, na chamada diáspora, palavra grega que significa "dispersão".

O judaísmo depois do Templo

A destruição do Templo foi um desastre para o povo judeu. Eles perderam o foco de sua prática religiosa. Aonde quer que fossem, eles mantiveram suas tradições. Depois da queda de Jerusalém em 70 d.C., um grupo de estudiosos de Iavné, no centro do atual Estado de Israel, restabeleceu o Sinédrio. Anteriormente em Jerusalém, o Sinédrio era o conselho jurídico e religioso supremo da Palestina e da diáspora. Os estudiosos começaram a desenvolver uma tradição jurídica judaica. Os chamados rabinos interpretaram a Torá e a Halachá. Muitos rituais do antigo Templo foram transferidos para as sinagogas, e organizaram-se orações diárias regulares.

A destruição do Segundo Templo de Jerusalém por soldados romanos em 70 d.C. quadro do pintor italiano do século XIX Francesco Hayez. O templo nunca foi reconstruído.

JERUSALÉM

Jerusalém é sagrada para judeus, cristãos e muçulmanos. É o lar espiritual do povo judeu desde a Antiguidade. Segundo a narrativa bíblica, Jerusalém se tornou capital de Israel no reinado do rei Davi e foi novamente capital judia na dinastia hasmoneia dos macabeus, de 164 a.C. até o século I d.C. Durante a revolta judaica contra o domínio romano, de 66 a 70 d.C., Jerusalém foi destruída. A cidade ficou sob domínio cristão do século IV ao VII e depois sob domínio muçulmano na maior parte do período entre os séculos VII a XX. Mesmo assim, os judeus do mundo inteiro mantiveram seu apego emocional e espiritual à cidade sagrada. Em 1949, o recém-formado Estado de Israel nomeou Jerusalém sua capital.

No fim do século II d.C., a interpretação da Halachá ficou cada vez mais complexa. Existia uma massa de material relativo a várias decisões e debates, mas nada registrado de forma organizada. Um rabino chamado Judá Hanassi (135-c.220 d.C.) começou a compilar as decisões jurídicas para que os judeus tivessem um código de leis para consultar. O resultado foi a Mishná, uma coletânea de leis judaicas relativas a toda a extensão de atividades humanas, como agricultura, tributos, festas, casamentos, crimes e pureza ritual.

A Idade Média

No século IV d.C., o cristianismo se tornou a religião oficial do Império Romano. A Igreja Cristã não tolerava o judaísmo. Os cristãos acreditavam que Deus rejeitara os judeus e enviara uma nova mensagem à humanidade por meio de Jesus Cristo. No que lhes dizia respeito, os judeus tinham deixado de dar ouvidos à nova mensagem e eram responsáveis pela morte de Jesus. A lei romana tornou ilegal a conversão ao judaísmo e o casamento entre cristãos e judeus. A partir do começo do século V d.C., os judeus não puderam mais ocupar cargos no governo. Na Idade Média (500-1500 d.C.), a Igreja Cristã dominou a maioria dos aspectos da vida, e com frequência os judeus que viviam na Europa enfrentaram ódio e humilhação. Mas em geral a vida era mais fácil para os judeus que viviam sob o domínio islâmico no Oriente Médio, no norte da África e na Espanha.

Os judeus sob o islamismo

O islamismo surgiu no início do século VII, sob a liderança de seu fundador, o profeta Maomé. De sua base na península Arábica, a nova fé se espalhou rapidamente e, em 744, englobava Síria, Palestina, Egito, Pérsia (atual Irã) e Mesopotâmia (atual Iraque). Os

O TALMUDE

No século IV d.C., rabinos da Palestina compilaram o Talmude palestino. Ele continha a Mishná e um registro de discussões acadêmicas sobre a lei, a ética e os costumes judaicos. Trabalho semelhante foi realizado por rabinos da Babilônia, que criaram o Talmude babilônico por volta de 500 d.C. De acordo com a lei judaica, a autoridade cabe à obra mais recente, e assim os judeus passaram a considerar o Talmude babilônico como principal fonte da lei.

Ilustração da Bíblia de Cervera, de 1299, que mostra Jonas sendo engolido por um grande peixe. Em Cervera, pequena cidade da Catalunha, na Espanha, havia uma próspera comunidade judaica.

JUDAÍSMO 23

O pergaminho manuscrito do Talmude hebraico.

> ## CARAÍSMO
>
> O caraísmo foi uma antiga seita antirrabínica que surgiu no século IX. Os caraítas baseavam sua crença nas ideias de Anan ben Davi, judeu persa do século VIII. Seu princípio era "busca meticulosamente na Torá e não confia em minha opinião". Ele afirmava que toda a lei judaica estava contida na Torá e que as interpretações orais dos rabinos eram desnecessárias. No século IX, o estudioso persa Benjamim ben Moses Nahawendi estabeleceu uma seita caraíta no Irã, e a doutrina se espalhou. No século XI, havia caraítas no Império Bizantino e em todo o mundo muçulmano, mas no final do século XVI o movimento declinou.

governantes desse novo império islâmico consideravam cristãos e judeus como colegas fiéis do único Deus verdadeiro e permitiam que praticassem sua fé. No entanto, os judeus enfrentavam certas restrições. Por exemplo, tinham de usar roupas especiais e pagar um tributo anual cobrado dos não muçulmanos. Mas os judeus prosperaram sob o governo islâmico, tornaram-se artesãos habilidosos e aproveitaram as redes comerciais estabelecidas para se tornarem mercadores bem sucedidos.

O povo judeu governava suas próprias comunidades. Foram criadas academias religiosas chamadas *ieshivot*. O *gaon*, chefe da *ieshivá*, era a maior autoridade religiosa da comunidade. Ele organizava os tribunais judeus e nomeava autoridades religiosas, como os sacrificadores rituais que asseguravam que os animais fossem abatidos para servir de alimento de acordo com as leis dietéticas judaicas.

Norte da África e Andaluzia nos séculos X e XI, mostrando os centros culturais judeus e as conquistas da dinastia almorávida muçulmana.

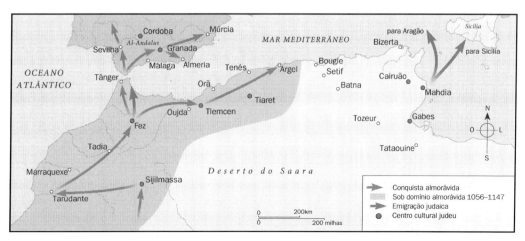

24 JUDAÍSMO

Esta gravura sem data mostra os judeus sendo expulsos da Espanha em 1492 por ordem da Inquisição. Só os judeus que se converteram ao cristianismo tiveram permissão de ficar.

Estudiosos, poetas e estadistas

Embora os judeus mantivessem sua identidade, sua cultura foi influenciada por tradições islâmicas, e estudiosos judeus escreveram obras filosóficas e científicas em árabe. No norte da África e em Al-Andalus (parte da Espanha sob domínio muçulmano), a cultura judaica floresceu nos séculos X e XI. Por exemplo, o estudioso judeu tunisiano Isaac ben Salomão Israeli escreveu sobre medicina e filosofia. No século X, Hasdai ibn Shaprut (c. 915-c. 975), de Córdoba, em Al-Andalus, foi médico da corte dos governantes muçulmanos e, como diplomata, ajudou-os a negociar com os governantes cristãos do norte da Espanha. O poeta e filósofo Avicebrão (Salomão ibn Gabirol, c. 1022-c. 1058/70) escreveu poemas no estilo árabe da época, mas com influências bíblicas.

CABALA

A Cabala, que significa "o que foi recebido", é um conjunto de ensinamentos místicos judaicos originados na Antiguidade. Os primeiros textos descrevem as viagens de sábios que ascendiam para lugares celestes para ver Deus em seu trono. Na Idade Média, a Cabala chegou ao ponto máximo na Espanha e no sul da França. Uma obra importante foi o *Sefer ha-Bahir* (Livro da Iluminação), do final do século XII, que explica como Deus criou o universo e descreve o significado místico das formas e sons do alfabeto hebraico. No século XIII, desenvolveu-se em Gerona, no norte da Espanha, uma escola da Cabala. O rabino Moisés de Leão (1250-1305) aproveitou os ensinamentos da escola de Gerona para produzir o influente *Sefer ha-Zohar* (Livro do Esplendor), que explica o significado íntimo e místico da Torá e ensina que a ação humana a serviço de Deus pode ajudar a reparar a desarmonia do mundo e a trazer a união com Deus. Depois de expulsos da Espanha em 1492, alguns judeus foram para Safed, no norte da Palestina, que se tornou o principal centro de desenvolvimento da Cabala no século XVI.

JUDAÍSMO 25

Em janeiro de 1492, depois da queda de Granada, a reconquista cristã da Espanha se completou. O rei Fernão e a rainha Isabel da Espanha ordenaram que todos os judeus deixassem o país.

Perseguição Em 1146, a dinastia muçulmana extremista almôada, do norte da África, começou a conquistar Al-Andalus. Os almôadas não permitiram que os judeus praticassem sua religião; fecharam as ieshivot e sinagogas e os obrigaram a se converter ao islamismo. Muitos judeus fugiram para o norte da Espanha, governado por cristãos, onde os judeus foram aceitos, enquanto outros praticaram sua fé em segredo. Alguns escaparam para o norte da África, como o filósofo Maimônides (1135-1204). Apesar das dificuldades, esse foi um período de enorme criatividade judaica. Maimônides produziu um importante código de leis judaicas, a Mishné Torá, e a obra mística judaica Sefer ha-Zohar foi compilada pelo rabino Moisés ben Shem Tov (1250-1305), de Leão.

Reconquista A partir do século XII, as forças cristãs reconquistaram boa parte de Al-Andalus. A princípio, os judeus prosperaram sob o governo cristão, mas a partir do final do século XIV passaram a ser perseguidos. Muitos foram forçados a se converter ao cristianismo, mas, cada vez mais, esses convertidos eram alvo de desconfiança. Por volta de 1480, começou a Inquisição espanhola, tribunal criado pelos governantes cristãos da Espanha para julgar suspeitos de heresia. Milhares foram condenados. Suas propriedades foram confiscadas e, em muitos casos, eles foram queimados na fogueira. Em 1492, os judeus foram totalmente expulsos da Espanha e se dispersaram pelo norte da África, pela Itália, pelos Países Baixos e pelo Império Otomano.

Os judeus na Europa cristã

Os judeus da Europa ocidental e central foram alvo de desconfiança que, regularmente, se transformava em ataques violentos. Com o começo das Cruzadas em 1096, o fervor religioso provocou o aumento dos ataques a comunidades judias. Judeus foram mortos em várias cidades da região da Renânia, na Alemanha.

Era comum os judeus serem acusados de crimes monstruosos. Em 1144, os judeus de Norwich, na Inglaterra, foram acusados de usar o sangue de crianças cristãs para fazer matzá (pão sem fermento) para a festa judaica da Páscoa. Essa acusação falsa, chamada de "libelo de sangue", se espalhou por toda a Europa.

Os judeus não eram odiados apenas por razões religiosas, mas também pela fama de serem agiotas. Proibidos de exercer vários ofícios e profissões, muitos recorriam à agiotagem, serviço proibido aos cristãos, que não podiam cobrar juros sobre empréstimos. Os agiotas eram impopulares entre os pobres, que dependiam de seus serviços mas se ressentiam de lhes dever dinheiro.

Foram criadas leis que dificultavam a vida dos judeus europeus. Por exemplo, em 1215 um concílio católico obrigou todos os judeus da Europa a usar um emblema ou chapéu que os identificasse. Nos séculos XIV e XV, os judeus foram frequentemente segregados do resto da população; em muitas cidades, foram forçados a morar em guetos, onde ficavam trancados à noite.

Alguns governantes chegaram ao ponto de expulsar a população judia. Em 1290, os judeus foram banidos da Inglaterra. Foram expulsos várias vezes da França no século XIV e, séculos XV e XVI, enxotados regularmente das cidades alemãs. Quando

Esta ilustração antissemita de 1478 representa a crença medieval comum de que os judeus usavam o sangue de crianças cristãs em seus rituais religiosos.

A bandeja do Seder de Pessach contém seis itens simbólicos: dois tipos de erva amarga, um ovo cozido, um osso assado, charosset (uma pasta de frutas e nozes) e karpas (um legume mergulhado em água salgada).

PESSACH

O povo judeu manteve vivas sua história e sua noção de comunidade por meio dos costumes. Todo ano, comemora-se a festa da Páscoa ou Pessach para recordar a fuga de seus ancestrais da escravidão no Egito. As famílias se reúnem para a refeição do Seder na primeira noite dos oito dias festivos. Elas realizam rituais que as ajudam a se sentirem ligadas aos ancestrais bíblicos. Comem matzá, o pão sem fermento que os israelitas comeram durante o êxodo. O livro lido no Seder é a Hagadá. Desde a Idade Média, ela termina com a frase "Ano que vem em Jerusalém", para exprimir a saudade judaica de sua terra sagrada e do templo há tanto tempo perdido.

a Peste Negra devastou a Europa em meados do século XIV, os judeus foram amplamente responsabilizados, e muitos foram assassinados por turbas enraivecidas. No entanto, a Polônia era um oásis de tolerância; ali, desde o século XIII os judeus gozavam de proteção.

Os judeus na Pérsia Embora tivessem recebido permissão de retornar a Israel quando os persas conquistaram Babilônia em 538 a.C., muitos judeus ficaram e se espalharam pelas cidades da Babilônia e da Pérsia. Em meados do século VII, os árabes muçulmanos conquistaram a Pérsia e permitiram que os judeus continuassem praticando sua religião. No entanto, nas dinastias safávida (1502-1736) e Qajar (1794-1925) os judeus sofreram a conversão forçada ao islamismo, e muitos foram massacrados. Aos poucos, então, sua posição começou a melhorar até 1979, quando um governo islâmico radical assumiu o poder no Irã e provocou o êxodo dos judeus iranianos.

Os judeus no Iêmen Os judeus chegaram provavelmente ao Iêmen entre o século III a.C. e o século III d.C., embora os primeiros indícios de sua presença datem do século VI d.C. Como em outros territórios muçulmanos, eles tinham permissão de praticar sua fé. No final do século XIX, os judeus iemenitas começaram a emigrar para a Palestina. Em 1949 e 1950, a maioria dos que ainda permaneciam no Iêmen foram levados para o recém-criado Estado de Israel.

28 JUDAÍSMO

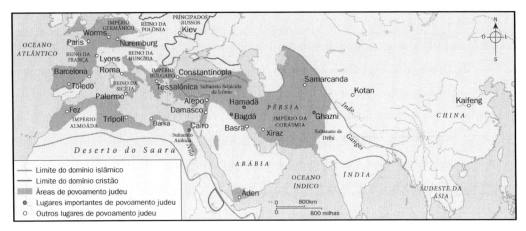

Este mapa mostra o mundo judaico em 1200: os judeus estavam muito dispersos nessa época.

Os judeus na China Há indícios de presença judia na China a partir do século VIII d.C., embora os judeus possam ter chegado muito antes. Kaifeng, na China oriental, tinha uma comunidade judaica datada do século XI; em 1163, uma sinagoga foi construída lá. Com o passar dos anos, os judeus de Kaifeng se dispersaram ou foram assimilados e perderam a identidade judaica. Comunidades judias modernas voltaram a se formar nos séculos XIX e XX. O maior número foi de refugiados durante a Segunda Guerra Mundial, mas depois da guerra a maioria se dispersou por outros países.

> **MATTEO RICCI E OS JUDEUS DE KAIFENG**
>
> O padre jesuíta e missionário italiano Matteo Ricci (1552-1610) relatou em suas cartas que descobriu os judeus da China num encontro interessante. Em 1605, um judeu de Kaifeng chamado Ai Tien foi convidado para uma reunião com Ricci em sua casa em Pequim. Ele ouvira dizer que, ao contrário dos chineses, Ricci acreditava num único Deus. Ai Tien achou que Ricci devia ser um rabino judeu, enquanto Ricci pensou que Ai Tien era cristão. Os dois olharam juntos uma pintura. Ai Tien achou que mostrava quatro dos doze filhos de Jacó e ficou surpreso ao saber que eram os quatro apóstolos de Cristo. Ele perguntou quem era Cristo. Ricci percebeu que Ai Tien na verdade era judeu e não cristão e lhe falou do cristianismo.

Os judeus na Índia O Bene Israel, maior grupo de judeus indianos, afirmava ter migrado da Palestina para a Índia no século II a.C., embora não haja provas concretas disso. É mais provável que os judeus tenham chegado à Índia vindos de Espanha, Portugal, Pérsia, Afeganistão e Mesopotâmia nos séculos XVI e XVII. Embora seguissem um estilo de vida que, em muitos aspectos, era semelhante ao dos vizinhos hinduístas e muçulmanos, os Bene Israel também praticavam costumes judaicos como a circuncisão, guardavam o sábado e obedeciam às leis da alimentação kosher. As comunidades judaicas mantiveram sua independência quando a Índia caiu sob domínio britânico (1858-1947), mas a maioria se mudou para Israel depois de sua criação em 1948.

Os judeus na Etiópia

Os judeus etíopes se intitulam Beta Israel, mas também são conhecidos como falashas. De acordo com sua tradição, eles chegaram à Etiópia depois do êxodo do Egito ou depois da destruição do Primeiro Templo. Pouco se sabe de sua história antes do século XIII, mas entre os séculos XIII e XV o Beta Israel lutou contra governantes muçulmanos e cristãos para manter sua independência. Eles continuaram a sobreviver à margem da sociedade etíope até o século XX. A princípio, o Estado de Israel não os aceitou como judeus; eles só foram reconhecidos como tal em 1973. A maior parte do Beta Israel foi evacuado para Israel em operações de resgate aéreo, primeiro durante a fome de 1984 e depois durante as agitações políticas de 1991.

Sefarditas

Na Idade Média, a maioria dos judeus se concentrava na Espanha, nos países islâmicos e na Europa oriental e setentrional. Os judeus expulsos da Espanha em 1492 (e de Portugal em 1497) migraram principalmente para o Império Otomano islâmico no norte da África e no Oriente Médio. Ficaram conhecidos como sefarditas (espanhóis).

Os judeus sefarditas tiveram permissão de praticar sua fé no Império Otomano, desde que aceitassem o domínio muçulmano e pagassem o tributo cobrado dos não muçulmanos. Desenvolveu-se uma cultura sefardita distinta. Eles falavam uma língua própria, o ladino, que incluía palavras espanholas e hebraicas. Os judeus sefarditas prosperaram sob o domínio otomano. Foram eles que abriram a primeira gráfica do império em 1493, e a literatura judaica prosperou. A maioria dos médicos da corte era judia, assim como muitos diplomatas.

Judeus etíopes reunidos em 1991 diante da embaixada israelense em Adis Abeba, capital etíope, enquanto se preparam para deixar o país. Foram levados de avião para Israel durante a Operação Salomão.

JUDAÍSMO

Asquenazitas Os judeus expulsos da Alemanha nos séculos XV e XVI se instalaram na Polônia e passaram a ser conhecidos como asquenazitas (alemães). Falavam o iídiche, um dialeto próprio que continha elementos do alemão e do hebraico, e tocavam música europeia oriental. A maioria dos judeus vivia em shtetls (aldeias) próprios, com sinagogas e ieshivot.

A Polônia e a Lituânia se tornaram centros da vida cultural judaica. Por exemplo, a *ieshivá* Jeshybot, fundada em 1515 em Lublin, na Polônia, se tornou um importante centro de estudos talmúdicos. O rabino Moses Isserles, que ajudou a escrever o *Shulchan Aruch*, estudou lá, e a cidade passou a ser conhecida como a "Oxford judaica". Devido à ênfase no estudo religioso, o povo judeu gozava de um nível de alfabetização superior ao dos vizinhos cristãos. Embora sofressem certa discriminação e fossem obrigados a

> ### PRÁTICAS SEFARDITAS E ASQUENAZITAS
>
> Os judeus sefarditas e asquenazitas usam o hebraico como idioma de culto. Leem a mesma Torá e o mesmo Talmude, recitam as mesmas orações, comem alimentos *kosher* e comemoram as mesmas festas. Mas têm sinagogas separadas porque as tradições de culto são diferentes. Por exemplo, os sefarditas usam poemas e salmos próprios em seus cultos. Recitam a Torá de modo diferente dos asquenazitas e cantam as orações com melodias diferentes.
>
> Em 1565, o rabino sefardita Josef Caro publicou um código jurídico para o judaísmo sefardita, o *Shulchan Aruch*, republicado em 1570-1571 pelo rabino Moses Isserles com modificações para incluir costumes asquenazitas. Portanto, a orientação para o comportamento religioso de ambas as comunidades foi unificada num único livro. Mesmo assim, as duas tradições mantiveram práticas separadas.

Este mapa indica as principais migrações de comunidades judaicas para o Império Otomano nos séculos XV e XVI. No fim do século XV, cerca de vinte mil judeus expulsos da Espanha foram para Salônica (atual Tessalônica, na Grécia).

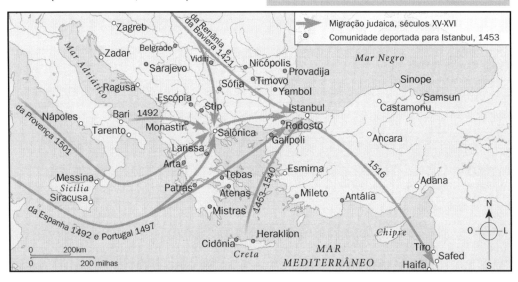

usar roupas distintas, os judeus podiam governar suas próprias comunidades. Muitos encontraram emprego junto à nobreza, administrando suas propriedades e cobrando impostos dos camponeses.

No entanto, o ódio contra os judeus cresceu na Polônia durante o século XVII. Em 1648, os cossacos, povo ucraniano que vivia sob autoridade da Polônia, se revoltaram contra a nobreza. Comandados por Bogdan Khmelnitski (ou Chmielnicki, em polonês), eles puniram os judeus por trabalharem para os nobres. Estima-se que um quarto da comunidade judaica da Polônia morreu num frenesi de torturas e massacres, enquanto outros foram vendidos como escravos. Em seguida, os judeus foram atacados pelos russos, aliados de Khmelnitski. Quando os suecos invadiram o oeste da Polônia, os judeus foram atacados por poloneses que acreditavam que eles tinham incentivado a invasão. Os cossacos cometeram novas violências contra os judeus no século XVIII, quando a Polônia foi partilhada. Em 1795, a população judia se dividiu entre Rússia, Prússia e Áustria.

Movimentos religiosos Um novo movimento judeu surgiu na Polônia durante as lutas do século XVIII, fundado pelo rabino Israel bem Eliezer (1698-1760), também conhecido como Baal Shem Tov (mestre do bom nome) ou Besht. O movimento se baseava no culto alegre a Deus sob a condução de um tsadic (líder espiritual). Os seguidores do Besht eram chamados de hassidim (os piedosos); depois de sua morte, o movimento hassídico se espalhou pela Polônia e pela Europa oriental.

Quando chegou à Lituânia, no final do século XVIII, o movimento hassídico enfrentou feroz resistência. O rabino Elijah ben Shlomon Zalman (1720-1797), o Gaon ("gênio") da cidade de Vilna, criou o movimento dos *mitnagdim*, que se opunha aos *hassidim*, defendia valores tradicionais, como o estudo intensivo da Torá e do Talmude, e rejeitava as homenagens aos *tsadiquim* (líderes espirituais). Os dois movimentos criaram *ieshivot* para ensinar suas doutrinas.

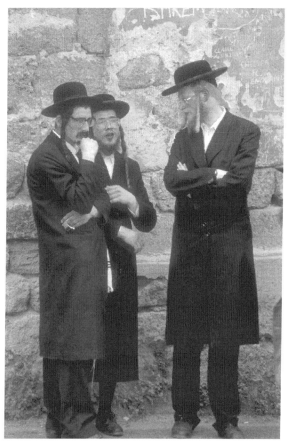

Judeus hassídicos na Jafa moderna, em Israel, com suas roupas típicas. No final do século XIX, o movimento chegou aos EUA, onde a maioria dos seguidores vive atualmente.

A partir do final do século XVI, os países europeus ocidentais que tinham expulsado os judeus começaram a permitir seu retorno. Em 1670, o governante de Brandenburgo, na Alemanha, convidou judeus a se instalarem lá por serem comerciantes habilidosos que poderiam ajudar a ressuscitar a economia depois da Guerra dos Trinta Anos (1618-1648). Mais ou menos na mesma época, os judeus tiveram permissão de voltar à França. Mas muitas ocupações e guildas de artes e ofícios ainda lhes eram vedadas.

Na Inglaterra, os judeus não podiam ocupar cargos públicos nem frequentar a universidade. No final do século XVIII, algumas restrições foram suspensas na Europa central, e, na França, os judeus receberam todos os direitos civis depois da revolução de 1789. No século XIX, todos os judeus da Europa receberam direitos iguais, com exceção dos que viviam no Império Russo.

> Samson Raphael Hirsch não acreditava que o judaísmo deveria mudar:
>
> *O judaísmo já esteve "de acordo com os tempos"? O judaísmo já correspondeu às opiniões dos contemporâneos predominantes? Já foi conveniente ser judeu ou judia? [...] Seria judaísmo de acordo com os tempos quando, nos séculos que se seguiram à Diáspora, nossos pais sofreram, em todas as terras e em todos os vários períodos, a opressão mais degradante, o desprezo mais mordente e mil vezes morte e perseguição? E mesmo assim transformaríamos em meta e finalidade do judaísmo estar sempre "de acordo com os tempos"!*
>
> The Nineteen Letters on Judaism (Dezenove cartas sobre judaísmo), 1836. De Louis Jacobs. Oxford University Press (1995); myjewishlearning.com.

O Iluminismo judeu O Iluminismo foi um movimento da Europa ocidental do século XVIII que enfatizava a razão e a ciência no estudo do mundo humano e natural. Os pensadores judeus do final do século XVIII e começo do XIX aplicaram esses princípios à sua religião e criaram o Iluminismo judeu, conhecido como Haskalá. Moisés Mendelssohn (1729-1786), de Berlim, na Alemanha, o mais influente desses pensadores, acreditava que os judeus deviam tentar se encaixar melhor na sociedade que os cercava. Deviam estudar, além dos temas religiosos, também temas seculares e aprender a língua de seu país de adoção. Seus seguidores eram chamados de

Nesse culto de Yom Kipur numa sinagoga reformista, não há separação entre homens e mulheres.

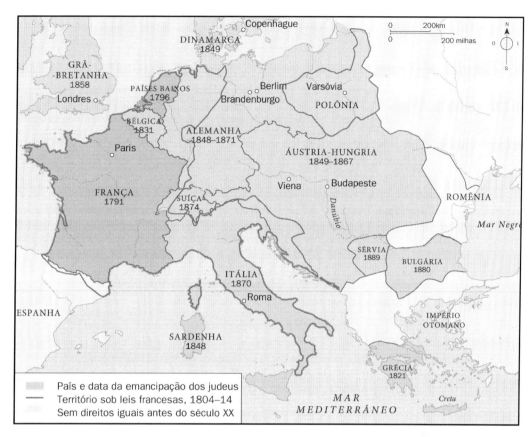

Este mapa mostra os países europeus que emanciparam os judeus, libertando-os de restrições jurídicas, sociais e políticas, com o ano dessa emancipação.

maskilim. Eles lançaram as bases do movimento da Reforma.

O movimento da Reforma Israel Jacobson (1768-1828) fundou o movimento da Reforma na Alemanha. Ele abriu escolas onde as crianças judias aprendiam temas seculares além dos religiosos. O movimento tentava adaptar a religião judaica às condições do mundo moderno e facilitar que os judeus se tornassem cidadãos integrais de seu país. Os cultos nas sinagogas da Reforma eram feitos em alemão em vez de hebraico, e homens e mulheres, tradicionalmente separados, passaram a se sentar juntos. Permitia-se trabalhar nos sábados e não era mais preciso seguir as leis da alimentação kosher.

Muitos judeus temiam que essas mudanças levassem à assimilação. A divisão entre os judeus da Reforma e os ortodoxos aumentou. Na Alemanha, o pensador ortodoxo de maior destaque foi Samson Raphael Hirsch (1808-1888). Ele acreditava que os judeus deviam seguir as práticas tradicionais, mas aceitava que pudessem ter também uma educação secular. Esse tipo de pensamento passou a ser chamado de neo-ortodoxia.

Alguns judeus ortodoxos se opunham a qualquer mudança do judaísmo. O rabino Moses Sofer (1762-1839) questionou o movimento da Reforma na Alemanha no início do século XIX. Seu lema era: "Tudo o que é novo é proibido pela Torá". Sua opinião influenciou o desenvolvimento do judaísmo haredi.

Antissemitismo No final do século XIX, o nacionalismo aumentou na Europa. Os países desenvolviam um forte senso de identidade nacional com base no grupo étnico dominante em sua sociedade. Minorias com costumes próprios, principalmente os judeus, eram consideradas estrangeiras e ameaças à coesão social. A presença crescente de judeus na sociedade predominante — nas profissões liberais, na área financeira e nas artes — era malvista, assim como sua riqueza e poder econômico crescentes. Surgiu uma forma moderna de antissemitismo com base em diferenças ditas "raciais" e não religiosas. Muitos acreditavam que os judeus eram uma raça sinistra que queria dominar o mundo.

O antissemitismo se disseminou na Alemanha e na França. Na década de 1880, impuseram-se na Rússia novas restrições sobre o lugar onde os judeus poderiam se instalar e criaram-se cotas estritas para limitar o número de judeus nas profissões liberais e nas universidades. Das obras antissemitas publicadas, a mais conhecida foi *Protocolos dos sábios de Sião*, publicado pela primeira vez na Rússia em 1903. Aparentemente escrito por uma organização secreta judaica decidida a dominar o mundo, na verdade era uma obra forjada. De 1881 a 1921, as comunidades judias da Rússia e de outras regiões da Europa oriental sofreram ondas de *pogroms* — surtos de violência antissemita com assassinatos, estupros e a destruição de propriedades.

Sionismo O povo judeu reagiu de várias maneiras aos ataques devastadores. Uma minoria se sentiu atraída pelo movimento sionista fundado por Theodor Herzl, jornalista e ativista político judeu austro-húngaro. Herzl passou a acreditar que o antissemitismo sempre existiria e que a única solução era criar um Estado judeu na ter-

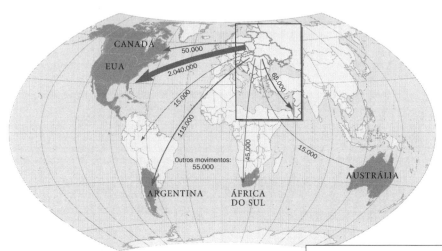

Número de judeus que emigraram da Europa Oriental de 1881 a 1914 e os países para onde foram.

Ataque a judeus em Kiev, no Império Russo, na década de 1880. A polícia olha e não faz nada para impedir a violência.

ra histórica de Israel. Em 1897, ele fundou a Organização Sionista Mundial. Na época, moravam poucos judeus na Palestina, mas os pogroms da Europa oriental aumentaram a emigração de judeus para lá.

Migrações A maioria dos judeus que emigrou da Europa para fugir à perseguição foi para os EUA e não para a Palestina. De 1881 a 1914, cerca de dois milhões de judeus da Europa oriental se mudaram para os Estados Unidos. Outros foram para a Europa ocidental, a África do Sul, a Argentina e o Canadá. A maioria dos imigrantes judeus que chegava aos países anfitriões era paupérrima e profundamente religiosa. Por outro lado, as comunidades judias existentes tendiam a ser bastante assimiladas. Em geral, os imigrantes acharam difícil se ajustar à nova situação. Na Grã-Bretanha, por exemplo, empregadores não judeus esperavam que os funcionários trabalhassem no sábado. No entanto, em poucas gerações os imigrantes se adaptaram à vida nos países adotivos.

> Nesse trecho do livro O estado judeu, de Theodor Herzl, publicado em 1896, ele esboça sua visão do antissemitismo:
>
> *A questão judaica existe onde quer que vivam judeus em número perceptível. Aonde não existe, é levada pelos judeus no decorrer de suas migrações. Naturalmente, nos mudamos para lugares onde não sejamos perseguidos, e lá nossa presença produz perseguição. Esse é o caso em todos os países, e assim continuará a ser [...] até que a questão judaica encontre uma solução com base política. Hoje, os judeus desafortunados levam a semente do antissemitismo para a Inglaterra; já a introduziram nos Estados Unidos.*

Socialismo Alguns judeus reagiram ao antissemitismo participando de movimentos socialistas revolucionários. Como povo perseguido, os judeus se sentiram atraídos pela ideia radical de uma sociedade igualitária. Em vez de emigrar ou criar um Estado judeu, os judeus socialistas acreditavam

36 JUDAÍSMO

que deviam lutar ao lado de outros trabalhadores para derrubar os governos existentes. Em 1897, operários judeus criaram o Bund — o Sindicato Geral de Trabalhadores Judeus da Lituânia, da Polônia e da Rússia. Judeus como Leon Trótski tiveram papel de destaque na Revolução Russa de 1917, e Rosa Luxemburgo foi um dos líderes do levante socialista de 1918-19 na Alemanha.

O governo bolchevique revolucionário da Rússia derrubou as leis contra os judeus, mas também estava comprometido com a abolição das religiões. Como parte da campanha contra as práticas religiosas, muitas organizações judaicas foram fechadas em 1918, e proibiu-se o ensino de hebraico. Os bolcheviques anticapitalistas também fecharam as pequenas empresas que eram o meio de vida de muitos judeus e os forçaram a trabalhar na agricultura e na indústria pesada.

Primeira Guerra Mundial Em 1914, começou a guerra entre as principais potências europeias. Naquela época, cerca de quatro milhões de judeus viviam na frente oriental da guerra, em que a Rússia combatia a Alemanha e a Áustria-Hungria. O governo russo desconfiava que os judeus colaboravam com o inimigo e os deportou da região,

> **ORGANIZAÇÕES DE AUXÍLIO NOS EUA**
>
> Em toda a história, os judeus sempre ajudaram os menos afortunados de sua comunidade. Pela lei judaica, era obrigação ajudar os necessitados depositando doações no *kuppah*, ou caixa de coleta. Os recursos eram doados a boas causas, que variavam de sopões a sociedades funerárias. Quando os judeus do leste europeu chegaram sem tostão aos Estados Unidos, o sistema continuou. Criaram-se organizações judaicas de auxílio em várias cidades americanas. Além de oferecer tratamento médico e moradia para idosos, elas abriram centros comunitários judaicos para oferecer atividades culturais, educativas e recreativas.

Os EUA foram o destino preferido dos judeus emigrantes de todos os países europeus orientais. Este mapa mostra quantos partiram entre 1899 e 1914.

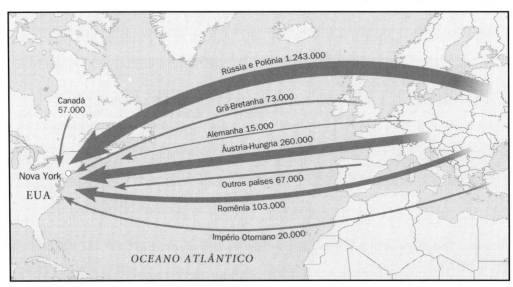

pondo duramente à prova a lealdade judaica à Rússia. Mesmo assim, cerca de meio milhão de judeus se alistaram no exército russo.

Em outras terras, grande número de judeus também lutou por seu país — quase cem mil na Alemanha, por exemplo. Mas a hostilidade contra eles continuou. Foram acusados de especulação e de evitar o serviço militar. Nos EUA e na Grã-Bretanha, os judeus foram acusados de apoiar a Alemanha devido à hostilidade contra a Rússia. Judeus de origem alemã foram forçados a assinar uma declaração de lealdade ao país adotivo. Em 1918, com o fim da guerra, os judeus alemães foram responsabilizados pela derrota do país.

O sionismo avança Em 1918, os britânicos capturaram a Palestina do Império Otomano que desmoronava. Dois anos depois, a Grã-Bretanha estabeleceu seu mandato sobre o país. Na Declaração de Balfour de 1917, a Grã-Bretanha exprimiu o apoio à criação de uma pátria judaica na Palestina. Essa declaração incentivou os sionistas, e a emigração de judeus para a Palestina aumentou. A comunidade judia cresceu de 90.000 pessoas no final da Primeira Guerra Mundial para cerca de 160.000 em 1929 e quase 500.000 em 1939.

A comunidade palestina não gostou do fluxo de colonos. Em 1921, o Fundo Nacional Judeu comprou terras árabes para a instalação de judeus, e os camponeses árabes foram expulsos, provocando revoltas antissionistas. Várias organizações árabes protestaram junto aos britânicos contra a imigração judia, e houve novos levantes em 1929; uma revolta generalizada ocorreu de 1936 a 1939. Tornou-se impossível conciliar os interesses dos sionistas e dos palestinos.

A ascensão do nazismo No início da década de 1930, a Europa e os EUA foram atingidos por grave depressão eco-

Um homem limpa os cacos de vidro de uma loja de judeus destruída na Kristallnacht em novembro de 1938. Os nazistas ordenaram à polícia e aos bombeiros que não interferissem, a menos que propriedades não judias fossem ameaçadas.

nômica. A Alemanha foi muito afetada. O governo estava em crise e buscava um líder forte. Em 1933, o líder nazista Adolf Hitler foi nomeado chanceler da Alemanha. Hitler atribuiu aos judeus e comunistas os problemas econômicos do país. De 1933 a 1939, ele baixou uma série de leis contra os judeus. Os judeus alemães foram privados de cidadania, proibidos de exercer profissões liberais e logo perderam toda a liberdade. Em 1938, num ataque nazista organizado que ficou conhecido como Kristallnacht (a Noite dos Cristais), centenas de sinagogas da Alemanha e da Áustria foram totalmente queimadas, milhares de empresas judias foram destruídas e pelo menos 35 judeus foram assassinados.

O LEVANTE DO GUETO DE VARSÓVIA

Apesar do poder avassalador dos nazistas, o povo judeu se opôs a eles onde pôde. Alguns participaram do esforço aliado na guerra e de grupos de guerrilheiros; outros resistiram com a luta armada. A revolta mais importante aconteceu no Gueto de Varsóvia, na Polônia. Em julho de 1942, os nazistas começaram a deportar os judeus do gueto e mandaram para os campos de extermínio dois terços dos trezentos mil habitantes. Em janeiro de 1943, soldados nazistas cercaram o gueto, prontos a mandar os remanescentes para a morte. Os combatentes do gueto judeu fizeram uma defesa heroica, forçando os nazistas a travar a maior batalha em solo polonês desde a ocupação alemã do país em 1939. A maioria dos combatentes da resistência morreu em ação, e os nazistas conseguiram esmagar o levante em maio de 1943.

Depois que Hitler chegou ao poder, os judeus, quando puderam, partiram da Alemanha. No entanto, os EUA e a Europa, ainda nas garras da depressão econômica, aceitavam poucos imigrantes. Na tentativa de pacificar os palestinos, os britânicos também restringiram a imigração de judeus na Palestina.

Depois de deflagrada a Segunda Guerra Mundial em 1939, a Alemanha nazista ocupou grande parte da Europa e impôs leis antissemitas às populações derrotadas. Muitos judeus foram deportados para a Polônia e obrigados a trabalhar duramente para os nazistas. Organizações judaicas internacionais como o Joint Distribution Committee (Comitê Conjunto de Distribuição) resgataram alguns judeus alemães e os ajudaram a chegar a países seguros.

O Holocausto Em 1941, a Alemanha invadiu a União Soviética. Tropas alemãs especiais chamadas Einsatzgruppen prenderam judeus e comunistas e os mataram. Naquele mesmo ano, os nazistas começaram a construir campos de extermínio na Polônia ocupada. Os judeus dos países ocupados pelos nazistas foram transportados para os campos em vagões de gado. Os jovens em boa forma física eram forçados

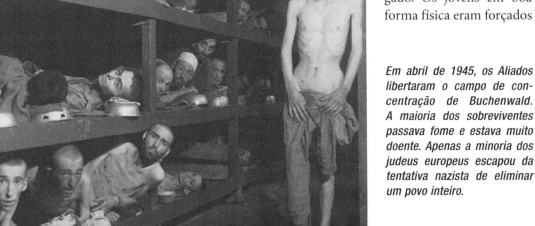

Em abril de 1945, os Aliados libertaram o campo de concentração de Buchenwald. A maioria dos sobreviventes passava fome e estava muito doente. Apenas a minoria dos judeus europeus escapou da tentativa nazista de eliminar um povo inteiro.

JUDAÍSMO 39

a trabalhar e o resto morria nas câmaras de gás. Estima-se que, de 1941 a 1945, seis milhões de judeus foram assassinados, mortos de fome, espancados ou forçados a trabalhar até a morte. Essa tentativa de eliminar toda a população judia da Europa ficou conhecida como Holocausto.

Poucos países ajudaram os judeus, embora alguns indivíduos corajosos arriscassem a vida para salvá-los. Por exemplo, em 1943 os nazistas planejaram deportar os judeus dinamarqueses para campos de extermínio, mas integrantes do movimento dinamarquês de resistência os transportaram a salvo até a Suécia, que não estava envolvida na guerra. Mesmo assim, em 1945, no fim da guerra, cerca de 70% dos judeus da Europa estavam mortos, e a cultura judaica da Europa oriental foi praticamente destruída.

Os judeus sobreviventes da guerra estavam em situação desesperadora. Alguns tentaram retornar aos países natais, mas a maioria foi parar em campos de refugiados na Alemanha e na Áustria. Uma minoria teve permissão de entrar nos EUA, mas em 1947 trezentos mil judeus ainda estavam nos campos.

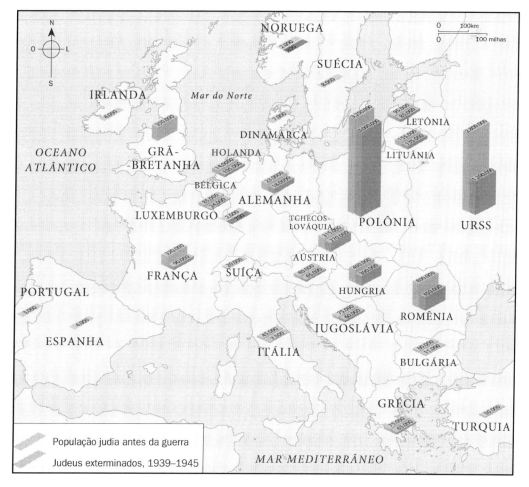

Este mapa mostra a população judia europeia em 1939, antes do início da Segunda Guerra Mundial, e em 1945, depois do Holocausto. As maiores e mais antigas comunidades judias do mundo foram destruídas.

JUDAÍSMO

Os horrores do Holocausto provocaram uma corrente mundial de solidariedade para com o povo judeu e deu novo ímpeto ao projeto sionista. Embora a entrada de grande número de pessoas na Palestina fosse ilegal, cerca de 69.000 judeus sem teto tentaram se mudar para lá. Os britânicos não conseguiam mais controlar as tensões entre palestinos e judeus e anunciaram seu desejo de dar fim ao mandato em maio de 1948. As Nações Unidas foram convocadas para tentar resolver o conflito.

O Estado de Israel A ONU votou pela divisão do país entre judeus e palestinos, mas estes não concordaram com o plano de partilha e a luta acabou explodindo entre as duas nações. Em maio de 1948, foi declarado o Estado de Israel. No dia seguinte à declaração, os exércitos dos estados árabes pró-palestinos vizinhos — Egito, Transjordânia, Iraque, Síria e Líbano — invadiram Israel, dando início a uma guerra que só terminou em janeiro de 1949.

Sob o acordo final de armistício de julho de 1949, Israel ficou com mais de 77% do antigo território palestino, 22% mais do que fora oferecido pelo plano da ONU. A Transjordânia ocupou Jerusalém oriental e a Cisjordânia, e o Egito ocupou a Faixa de Gaza. Portanto, o Estado de Israel não correspondia à área inteira da antiga terra de Israel, mas continha as cidades sagradas de Safed e Tiberíades e a parte ocidental de Jerusalém. No entanto, nenhuma terra foi destinada aos palestinos, e cerca de 726.000 deles foram expulsos ou fugiram do país como refugiados.

De 1948 a 1951, a população de Israel se expandiu rapidamente com a chegada de 688.000 imigrantes. Vários milhares vieram dos campos de refugiados da Europa. Também vieram judeus de países muçulmanos, onde a solidariedade com os palestinos levou ao antissemitismo. Absorver os imigrantes foi um desafio imenso para o novo Estado. Os Estados Unidos ofereceram apoio, e chegaram doações de judeus do mundo inteiro, complementadas pelas reparações

Este mapa mostra o território conquistado por Israel na guerra de 1948-1949 e as fronteiras definidas pelo acordo de armistício de 1949.

(compensação por crimes de guerra) pagas pela Alemanha.

No entanto, a nova pátria judaica não teve paz. Havia tensão constante entre Israel e os vizinhos árabes que não aceitavam o Estado judeu, e Israel estava decidido a se defender deles. Enquanto isso, até 460.000 palestinos continuavam em campos de refugiados na Cisjordânia e na Faixa de Gaza, desesperados para retornar a seu lar dentro de Israel.

Israel se expande Na Guerra Árabe-Israelense de 1967, Israel conquistou Jerusalém oriental, a Cisjordânia e a Faixa de Gaza. Agora o Estado judeu dominava grande parte do Israel histórico, inclusive lugares sagrados para os judeus, como a cidade santa de Hebrom e o Muro das Lamentações em Jerusalém — tudo o que restou do Segundo Templo depois de sua

DAVID BEN-GURION (1886-1973)

Quando jovem na Polônia, David Ben-Gurion era um sionista empenhado. Emigrou para a Palestina com 20 anos, mas, no começo da Primeira Guerra Mundial, foi expulso do país devido às atividades sionistas (na época, a Palestina era governada pelo Império Otomano). Ele voltou à Palestina quando os britânicos assumiram o controle. Ben-Gurion fundou o Histadrut, o sindicato dos trabalhadores judeus, em 1920 e, em 1930, o Partido dos Trabalhadores Israelenses. Em 1935, foi eleito presidente da Executiva Sionista, que comandava o sionismo mundial. Quando a Grã-Bretanha restringiu a imigração na Palestina em 1939, Ben-Gurion conclamou os sionistas para combater os britânicos e tornar a Palestina impossível de governar, de modo a conseguir um Estado judeu. Em maio de 1948, ele se tornou o primeiro primeiro-ministro de Israel.

David Ben-Gurion lê a Declaração de Independência no Museu de Tel Aviv; acima dele há um retrato de Theodor Herzl. Os EUA foram o primeiro país a reconhecer Israel.

JUDEUS NA UNIÃO SOVIÉTICA

Na União Soviética, a prática religiosa era desestimulada, e um sistema de cotas restringia o número de judeus que podiam cursar a universidade e exercer profissões liberais. A história e os estudos religiosos judaicos tinham de ser ensinados em segredo. Como todos os cidadãos da União Soviética, os judeus não podiam sair do país; as regras foram relaxadas aos poucos a partir de 1968 e os judeus puderam emigrar para Israel. De 1969 a 1989, cerca de trezentos mil judeus partiram do país. No entanto, muitos não quiseram morar em Israel e, mais tarde, foram para os EUA. Após a queda da União Soviética em 1990, cerca de um milhão de judeus soviéticos emigrou para Israel.

destruição em 70 d.C. Em toda a história, os judeus demonstraram pesar pela destruição do Templo e rezaram por sua restauração. O local é o chamado Monte do Templo. Também há locais sagrados muçulmanos importantes: a Cúpula da Rocha e a mesquita de Al-Aqsa. Como Israel assumiu o controle da área em 1967, houve disputas com palestinos muçulmanos a respeito do controle e do acesso ao local sagrado. Ocorreram outras guerras entre Israel e os países árabes vizinhos em 1973 e 1982, além de levantes palestinos contra a ocupação israelense, de 1987 a 1993 e de 2000 a 2005. Desde 2006, Israel trava guerras intermitentes com os grupos militantes Hamas (em Gaza) e Hezbolá (no sul do Líbano). Desde a década de 1970, há iniciativas pela paz: Israel assinou um tratado de paz com o Egito em 1979 e com a Jordânia em 1994. Em 2005, Israel retirou de Gaza seus colonos e as forças armadas.

Soldados israelenses depois da captura do Muro das Lamentações em Jerusalém oriental durante a guerra árabe-israelense de 1967. Os palestinos tinham esperança de que Jerusalém oriental pudesse ser a capital de um futuro Estado palestino, mas Israel não se dispôs a ceder o controle da cidade.

JUDAÍSMO 43

Mas o núcleo do conflito entre Israel e os palestinos pelas terras da antiga Palestina e o modo de sua divisão ainda não se resolveu.

O judaísmo em Israel Os judeus compõem cerca de quatro quintos da população de Israel; a maior parte do outro quinto é de palestinos muçulmanos. Os principais grupos judeus são asquenazitas da Europa oriental e central e sefarditas da região mediterrânea e do norte da África. Também há judeus da Europa ocidental, da Ásia central e das Américas do Norte e do Sul.

Os judeus de Israel tendem a se definir como religiosos ou não religiosos em vez de se identificar com uma denominação específica. Entre os não religiosos estão os judeus seculares, de maioria asquenazita. Outros, principalmente sefarditas, se consideram tradicionalistas. São dedicados ao judaísmo, mas não executam todos os rituais religiosos. Os judeus não religiosos participam, em vários graus, de alguns costumes judeus. Por exemplo, a maioria vai a um Seder no Pessach. Muitos judeus israelenses acham que exprimem suficientemente seu judaísmo apenas por morar em Israel e que não precisam participar de rituais religiosos.

Os que se descrevem como religiosos são ortodoxos, termo que descreve uma grande variedade de práticas religiosas. Os mais ortodoxos são os judeus haredis. Eles seguem as tradições estabelecidas na Torá escrita, além do Talmude, a mais antiga forma escrita da Halachá. Obedecem a um código de vestimenta extremamente recatado e vivem numa comunidade própria e separada.

O judaísmo na diáspora Na diáspora, é grande a variedade de práticas religiosas. Muitos judeus são seculares ou completamente assimilados na cultura majoritária. Os movimentos dentro do judaísmo moderno variam dos mais ortodoxos, passam pelos movimentos Conservador e da Reforma e vão até os reconstrucionistas. O termo "ortodoxo" cobre todos aqueles

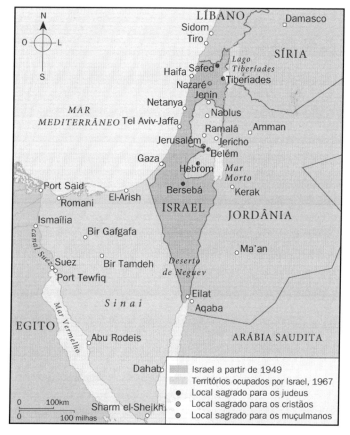

Este mapa mostra o território conquistado por Israel na guerra de 1967, assim como os lugares sagrados do país.

que seguem estritamente as práticas tradicionais do judaísmo. Os judeus ortodoxos são o maior movimento no Reino Unido.

Fundado nos EUA no início do século XX, o movimento Conservador se baseia na crença de que as verdades das escrituras judaicas vêm de Deus mas foram transmitidas por seres humanos. Os judeus conservadores aceitam a Halachá, mas acreditam que deve ser flexível e se adaptar à mudança das circunstâncias sem deixar de se manter fiel aos valores judeus. O movimento se dedica a apoiar Israel; muitos judeus conservadores acham que o nacionalismo judeu é uma parte vital de sua cultura. No Reino Unido, esse movimento se chama *massorti*.

O judaísmo reformista é o maior movimento judeu dos EUA. Os reformistas aceitam que todos os judeus devem estudar suas tradições e obedecer aos *mitzvot* que sejam pertinentes na sociedade moderna. Acreditam que sua religião evoluiu com o tempo e continuará a evoluir. Cada indivíduo tem o direito de decidir se adota uma prática ou crença específica.

De várias maneiras, o movimento mais radical é o reconstrucionista, fundado nos EUA em 1922. Os reconstrucionistas acreditam que o judaísmo é uma cultura

> ### O MESSIAS
> Há uma crença judaica tradicional de que algum dia chegará o Messias, um homem que reconstruirá o Templo de Jerusalém, levará todos os judeus para Israel e unirá todos no conhecimento do Deus de Israel. Ele dará fim a todo ódio, doença e sofrimento e trará a paz mundial: *Uma nação não levantará espada contra outra nação, nem aprenderão mais a guerra.*
> Isaías 2,4

As famílias judias mantêm vivas suas tradições comemorando o Seder de Pessach para recordar a fuga dos judeus do Egito.

Judeus sefarditas do Marrocos numa festa em homenagem ao filósofo judeu Maimônides. As comunidades sefarditas e asquenazitas de Israel têm rabinos-mores próprios.

desenvolvida por seres humanos. Não acreditam que a Torá seja a palavra de Deus. O povo judeu deveria manter sua cultura e identidade realizando os rituais religiosos e aprendendo sua história. Mas deveriam se misturar livremente com outras pessoas e trabalhar para promover valores de liberdade e justiça. Os reconstrucionistas apoiam Israel como foco do povo judeu, de modo semelhante aos conservadores.

O futuro Alguns acreditam que o futuro do judaísmo é sombrio. A comunidade religiosa está dividida. Os judeus ortodoxos não aceitam como válidas as outras tradições, enquanto a maioria dos judeus reformistas e conservadores não acredita que a Torá seja a palavra de Deus. O número de judeus está diminuindo no mundo inteiro, e muitos se casam com não judeus e são assimilados pela sociedade predominante. É provável que as tradições judaicas acabem desaparecendo.

Outros defendem que o judaísmo sempre se adaptou a novas situações. Embora a observância religiosa esteja declinando, um número suficiente de judeus permanecerá fiel à Torá e à sinagoga. Muitos judeus seculares mantêm sua identidade judaica e os vínculos com a comunidade. Embora fragmentado, mesmo assim o judaísmo sobreviverá como religião mundial importante.

AS LEIS RELIGIOSAS DE ISRAEL

A religião afeta o modo como Israel é governado. Por exemplo:
- No exército e em todos os órgãos do governo serve-se comida *kosher*.
- É ilegal importar comida não *kosher*. No entanto, embora a carne de porco não seja *kosher*, há alguns produtores israelenses de suínos; essa carne é muito apreciada pelos imigrantes russos.
- A lei judaica governa o casamento e o divórcio; não existe casamento civil.
- A maioria das empresas fecha no sábado judaico e não há transporte público nesse dia.
- A Lei do Retorno (aprovada em 1950) permite que qualquer judeu do mundo emigre para Israel.

CAPÍTULO 2

CRISTIANISMO

A RELIGIÃO CRISTÃ começou com a vida de Jesus de Nazaré no primeiro século d.C. Os cristãos acreditam que Jesus é o filho de Deus que veio à Terra para salvar os seres humanos do pecado e lhes mostrar como ter uma vida santa seguindo os mandamentos de Deus. Jesus passou toda a sua vida na Palestina, no Oriente Médio. Os cristãos costumam chamar de Terra Santa a região onde ele viveu. Hoje, a maior parte dessa área está no moderno Estado de Israel. Jesus nasceu por volta do ano 4 a.C., no reino da Judeia. Na época de seu nascimento, essa antiga terra dos judeus fazia parte do Império Romano e era governada pelo rei Herodes, monarca local nomeado pelos romanos para administrar a Judeia de acordo com as leis de Roma.

CRISTIANISMO

O nascimento de Jesus A história do nascimento de Jesus é contada pelo Novo Testamento da Bíblia. Começa com a Anunciação, quando o arcanjo Gabriel apareceu a uma mulher chamada Maria (conhecida pelos cristãos como Virgem Maria) em sua casa na aldeia de Nazaré, na Galileia, região do norte da Palestina. O anjo lhe disse que ela daria à luz o Filho de Deus.

Augusto, o imperador romano, decretara que todos os habitantes do império deveriam retornar à sua terra natal para o recenseamento. Assim, pouco antes do nascimento de Jesus, Maria e seu marido José partiram de viagem para Belém, cidade natal de José, uns 160 quilômetros ao sul de Nazaré. A Bíblia conta que Jesus nasceu num estábulo porque todas as estalagens da cidade estavam lotadas.

De acordo com a Bíblia, pouco depois do nascimento três reis magos chegaram para adorar Jesus, vindos de países no Oriente, tendo seguido uma estrela muito brilhante. No entanto, antes de chegar a Belém os três visitaram o rei Herodes em Jerusalém para lhe perguntar sobre o rei recém-nascido. Herodes se sentiu ameaçado pela notícia e tentou matar Jesus ordenando a morte de todos os meninos do reino. Mas, num sonho, José foi avisado por um anjo e fugiu com a família para o Egito. Chamada pelos cristãos de "fuga para o Egito", essa longa e árdua jornada envolveu a travessia dos desertos do Neguev e do Sinai.

De acordo com a Bíblia, as primeiras pessoas a visitar o bebê Jesus foram pastores locais. Um anjo lhes informou o nascimento, e eles levaram cordeiros de presente. Este quadro, A adoração dos pastores, *é de Bartolomé Murillo, pintor espanhol do século XVII.*

A vida de Jesus Jesus e sua família ficaram no Egito até Herodes morrer, quando foi possível retornar a Nazaré. José ensinou ao filho o ofício de carpinteiro. Jesus passou a infância na cidade, embora pouco se saiba de seus primeiros anos. No entanto, o evangelho de Lucas conta que, aos 12 anos, Jesus acompanhou os pais na peregrinação a Jerusalém, onde se separou deles. O menino foi achado vários dias depois num templo, discutindo questões religiosas com alguns anciãos da cidade.

Acredita-se que ele iniciou seu ministério por volta dos 30 anos, quando foi batizado por um pregador chamado João Batista. Jesus então passou quarenta dias e noites no deserto árido e rochoso da Judeia, ao sul de Jerusalém. De acordo com o evangelho, o diabo tentou Jesus três vezes: na primeira, a transformar pedra em pão; na segunda, a se jogar de uma montanha para que os anjos o salvassem, na terceira, ofereceu-lhe todos os reinos do mundo. No entanto, Jesus recusou todas essas tentações, e todo ano, durante a Quaresma, que dura quarenta dias e precede imediatamente a Páscoa, os cristãos recordam esse período no deserto.

A maioria dos eventos da vida adulta de Jesus ocorreram em torno do Mar da Galileia, um grande lago no curso do rio Jordão. Jesus viajou de lugar em lugar nessa região, ensinando, curando os doentes e realizando milagres, e começou a atrair discípulos.

Ministério De acordo com o evangelho, Jesus disse aos primeiros discípulos que

> ### O NOVO TESTAMENTO
> O Novo Testamento da Bíblia descreve a vida de Jesus e a disseminação da fé cristã por seus seguidores. Os quatro primeiros livros do Novo Testamento, dos apóstolos Mateus, Marcos, Lucas e João, são chamados de Evangelhos. Foram escritos várias décadas depois da morte de Jesus, com a intenção de incentivar a fé em Jesus como filho de Deus. Cada um deles conta uma versão um pouquinho diferente da vida e do ministério de Jesus.

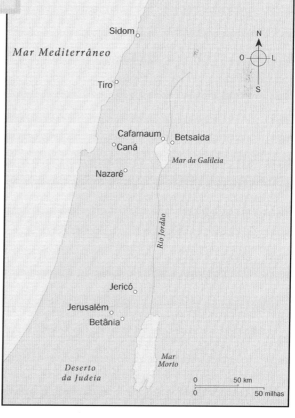

Mapa da Palestina mostrando alguns lugares onde Jesus pregou. Jesus passou a maior parte da vida em torno do Mar da Galileia, mas também viajou até Sidom, ao norte, e Betânia, ao sul.

50 CRISTIANISMO

deixassem para trás suas redes de pesca às margens do Mar da Galileia e o seguissem. Ele fez vários milagres no lago. São Mateus nos conta que ele fez cessar uma tempestade e andou sobre as águas. Em Betsaida, ele transformou cinco pães e dois peixes em comida suficiente para uma multidão de cinco mil pessoas. Em Cafarnaum, na margem norte do lago, Jesus fez várias curas milagrosas, e mais a oeste, na cidade de Caná, transformou água em vinho numa festa de casamento.

Jesus pregava aonde ia. Sua lição mais famosa foi o Sermão da Montanha, um ensinamento ético com base na lei do amor. Os arqueólogos acreditam que isso aconteceu num morro próximo a Cafarnaum que dava para o Mar da Galileia, hoje chamado de Monte das Bem-Aventuranças.

A Bíblia descreve várias viagens de Jesus com seus discípulos. Ele foi para os portos de Tiro e Sidom ao norte e para Jerusalém ao sul. Também passou algum tempo em Betânia, aldeia próxima a Jerusalém. Era

A ÚLTIMA CEIA

Pouco antes de ser preso, Jesus fez uma refeição especial com todos os seus discípulos. Essa refeição, a chamada Última Ceia, se realizou no andar de cima de uma casa de Jerusalém. Foi nessa última refeição que Jesus ensinou seus seguidores a dividirem o pão e o vinho para recordá-lo, explicando que simbolizavam seu corpo e seu sangue. Foi o começo da comunhão, praticada na missa por todos os cristãos e também chamada de eucaristia.

o lar de suas amigas Maria e Marta e do irmão delas, Lázaro. O evangelho de São João conta que Lázaro adoeceu e morreu e que, milagrosamente, Jesus o trouxe de volta à vida.

Nas últimas semanas de vida, Jesus foi para Jerusalém. Quando se aproximou do Monte das Oliveiras, uma elevação a leste da cidade, mandou dois

Planta de Jerusalém mostrando alguns lugares associados às últimas semanas da vida de Jesus.

Aonde quer que fosse, Jesus realizava milagres e atraía muitos seguidores. Aqui, Jesus é mostrado diante do Templo, em Jerusalém, curando um homem de sua incapacidade física, enquanto os sacerdotes do templo olham, desconfiados.

discípulos procurarem um burro para que ele entrasse montado na capital. Quando entrou na cidade, o povo o recebeu cantando e cortando ramos de palmeira para dispor em seu caminho.

Prisão Nas semanas seguintes, Jesus pregou e curou doentes em Jerusalém. As pessoas acorriam para vê-lo, louvando-o como Filho de Deus. Os sumos-sacerdotes, temendo a adulação pública crescente, decidiram agir. Convenceram Judas Iscariotes, um dos discípulos, a trair Jesus em troca de trinta peças de prata. Certa noite, Judas levou um grupo de soldados até o jardim do Getsêmani, na encosta do Monte das Oliveiras. Jesus caminhava pelo jardim quando Judas se aproximou dele e o beijou — o sinal para que os soldados o prendessem.

Crucifixão e ressurreição Jesus foi julgado pelos sacerdotes e depois levado a Pôncio Pilatos, governador romano da Judeia, para receber a pena. Os sacerdotes queriam que Pilatos ordenasse a execução de Jesus, mas o romano não viu razões para essa condenação. Em vez disso, ele pediu ao povo que escolhesse quem seria sacrificado: Jesus ou um ladrão chamado Barrabás.

Dessa vez, a multidão se voltou contra Jesus e decidiu que *ele* deveria ser crucificado. Puseram-lhe uma coroa de espinhos, e Jesus foi forçado a carregar a pesada cruz de madeira até um morro chamado Calvário, fora das muralhas da cidade. Lá, foi crucificado entre dois ladrões. O Calvário também é chamado de Gólgota, que significa "lugar da caveira".

O corpo de Jesus foi sepultado num túmulo cortado numa rocha, fechado com uma pedra pesada. Três dias depois, Maria Madalena descobriu que a pedra fora rolada para o lado e que o túmulo estava vazio. Ela teve medo de que o corpo de Jesus tivesse sido furtado, mas a Bíblia conta que Jesus lhe apareceu e lhe disse que logo ele estaria com seu pai no paraíso. Essa "ascensão dos mortos" é a chamada Ressurreição.

A disseminação da palavra Depois da morte de Jesus, seus discípulos começaram a espalhar sua mensagem. Referiam-se a ele como Jesus Cristo. Cristo vem do grego christos, que significa "rei" ou "salvador". Os discípulos pregavam que Cristo morreu para salvar o povo de seus pecados e lhe dar a oportunidade de ir para o céu. Eles disseram a todos que abandonassem sua religião anterior para seguir Cristo e levar uma vida virtuosa em obediência a seus ensinamentos. Os seguidores de Cristo que disseminaram o cristianismo são os chamados apóstolos. Seu trabalho está descrito nos Atos dos Apóstolos, um dos livros do Novo Testamento.

Os Atos dos Apóstolos descrevem como o Espírito Santo (veja o quadro na página ao lado) apareceu para os apóstolos e os inspirou a realizar seu trabalho. Cerca de dois meses depois da morte de Jesus, os apóstolos se reuniram em Jerusalém para a festa judaica da colheita, conhecida como Pentecostes. Enquanto lá estavam, ouviram o som de um vento forte e viram uma chama tremeluzir acima da cabeça de cada um — sinal de que o Espírito Santo estava com eles. Os apóstolos descobriram que conseguiam falar muitas línguas e, assim, foram até a multidão e começaram a pregar. Na época, Jerusalém estava cheia

A Crucifixão foi pintada por muitos grandes artistas cristãos. Este quadro, Cristo crucificado com a Virgem Maria, santos e anjos, *é do pintor italiano Rafael (1483-1520).*

CRISTIANISMO 53

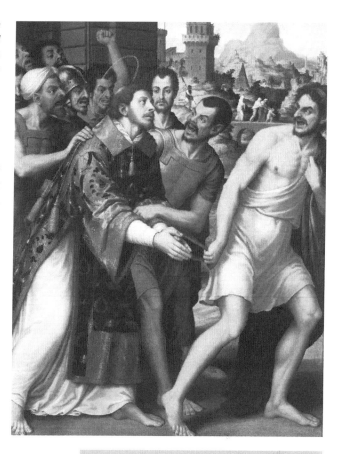

O martírio de Santo Estêvão, visto pelos olhos de um pintor espanhol do século XVI: Estêvão está cercado por torturadores que, ansiosos, o levam para a morte.

de judeus que tinham vindo de diversas terras para a festa de Pentecostes. Os apóstolos lhes falaram em sua língua e lhes contaram a mensagem de Jesus.

Aos poucos, a mensagem cristã se espalhou por todas as partes do mundo onde havia judeus, e pequenas comunidades de cristãos se estabeleceram em todo o Oriente Médio. A princípio, apenas judeus se converteram ao cristianismo, mas aos poucos a religião chegou também aos gentios (não judeus).

Mártires Os apóstolos fizeram inimigos enquanto espalhavam a nova religião. Especificamente, os anciãos judeus se enraiveceram ao ver o povo abandonar sua fé. Alguns apóstolos foram mortos por pregar o cristianismo e se opor às ordens dos anciãos. Estêvão foi apedrejado até a morte diante das muralhas de Jerusalém, e Pedro foi jogado na prisão e mais tarde condenado à morte. Estêvão e Pedro estavam entre os primeiros dos muitos mártires cristãos. Depois da morte, tornaram-se santos. Santo, do latim sanctus ("sagrado"), é um título conferido a pessoas piedosas na religião cristã.

São Paulo São Paulo é um dos personagens mais importantes do início da história do cristianismo. Quando jovem,

A TRINDADE
Os cristãos acreditam que Deus tem três formas: Deus Pai, Deus Filho e Deus Espírito Santo. Juntas, essas formas de Deus são chamadas de Trindade. Deus Filho é Jesus Cristo. Na arte cristã, às vezes o Espírito Santo é mostrado como uma chama ou representado por uma pomba branca.

chamava-se Saul e participou da perseguição judaica dos cristãos. Chegou a ser um dos que apedrejaram Estêvão. Os Atos dos Apóstolos contam que Saul se converteu ao cristianismo na estrada que ia de Jerusalém

54 CRISTIANISMO

a Damasco, no norte da Palestina. Quando se aproximava da cidade, ele viu uma luz brilhante que o deixou cego por três dias. Quando recuperou a visão, Saul se tornou cristão, mudou seu nome para Paulo e passou o resto da vida viajando e espalhando a mensagem cristã.

Na primeira viagem, Paulo percorreu terras a leste do Mediterrâneo. Chegou a Chipre e abriu uma igreja em Salamina. Depois, voltou ao continente e percorreu as regiões que hoje são a Síria e a Turquia. Em alguns lugares, como em Listra, Paulo foi bem-vindo; foi expulso de outros. Na segunda viagem, Paulo foi por terra às cidades de Tarso, Listra e Antioquia (na Turquia de hoje). Depois, atravessou o mar até Filipos (na Macedônia), Atenas e Corinto (na Grécia) e Éfeso (na Turquia). Em todos esses lugares, Paulo criou novas comunidades cristãs. Na terceira viagem, Paulo voltou a visitar alguns lugares aonde já fora. Em Éfeso, despertou grande ira quando tentou impedir o povo de adorar a deusa Ártemis (chamada de Diana pelos romanos).

À esquerda: Retrato de São Paulo na igreja de Saint-Séverin, em Paris.

Abaixo: As viagens de São Paulo. Durante 25 anos, Paulo fez viagens cansativas e perigosas por mar e por terra.

O antigo teatro de Éfeso, na Turquia, foi o cenário de uma revolta contra São Paulo. Alguns adoradores da deusa Diana organizaram um protesto contra os ensinamentos de Paulo; felizmente, a multidão foi controlada.

No retorno a Jerusalém, Paulo foi preso e mandado a Roma para ser julgado pelo imperador. Ele viajou sob guarda num navio mercante, que naufragou ao largo de Malta. Quando finalmente chegou a Roma, Paulo ficou em prisão domiciliar. Lá passou dois anos, nos quais escreveu muitas cartas (veja o quadro). Ninguém sabe como morreu, mas pode ter sido decapitado por ordem do imperador Nero.

AS EPÍSTOLAS DE PAULO

Enquanto viajava, Paulo escreveu cartas ou epístolas às comunidades cristãs que criou. Essas cartas incentivavam os novos cristãos em sua fé e lhes ensinavam mais sobre a religião. Mais tarde, as epístolas de Paulo foram incluídas no Novo Testamento. Talvez as mais famosas sejam as *Epístolas aos coríntios*. Nelas há uma passagem muito conhecida sobre o amor. Nesse trecho, Paulo explica que os cristãos deveriam amar-se uns aos outros e a todos os outros povos: *sem amor, eu nada seria.*

A antiga Igreja No fim do primeiro século d.C., o cristianismo prosperava em muitas regiões do Império Romano. A nova religião era muito popular em Roma, mas vários romanos poderosos desconfiavam dela, e a maioria dos primeiros cristãos não revelava sua fé. Em vez disso, reuniam-se secretamente na casa dos crentes, geralmente nos domingos, de manhã cedo ou à noite.

Os cristãos rezavam juntos, cantavam hinos e estudavam as escrituras. Também celebravam a comunhão para recordar a Última Ceia de Cristo e sua morte e ressurreição.

Perseguição Alguns imperadores romanos consideraram grave ameaça a popularidade crescente do cristianismo e tomaram providências implacáveis pa-

CRISTIANISMO

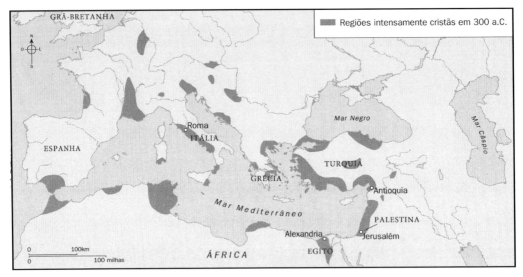

Este mapa mostra as áreas cristãs em torno do Mediterrâneo no fim do século III d.C. O cristianismo também chegou a regiões do norte da Europa ao longo dos principais rios.

ra eliminar a nova religião. Em 64 d.C., o imperador Nero culpou os cristãos pelo Grande Incêndio de Roma e organizou sua perseguição de formas pavorosas. Os cristãos eram envolvidos em peles de animais e lançados aos cães ou usados como tochas humanas para iluminar as festas do imperador. Nero também transformou a morte dos cristãos em diversão pública.

Eles eram mandados para as arenas dos anfiteatros públicos para serem atacados e comidos por leões. Outros imperadores romanos mandaram prender, torturar e matar cristãos, mas foi do imperador Diocleciano a perseguição mais selvagem. Em 303 d.C., ele começou a executar milhares de cristãos por se recusarem a abandonar sua fé e ordenou que seus lares fossem destruídos e que os textos cristãos fossem queimados.

Bispos, diáconos e padres Apesar da perseguição, o cristianismo continuou a crescer. No início do século II d.C., as comunidades cristãs começaram a se organizar. Grupos de cristãos construíram igrejas onde se encontravam regularmente para cultos simples. As cidades maiores tinham seu próprio bispo, responsável por todos os cristãos da região. Os bispos eram auxiliados por diáconos e padres. Os diáconos cuidavam das questões práticas, como a ajuda aos pobres, enquanto os padres viajavam de igreja em igreja realizando cultos. Para manter a Igreja unida, os bispos se comunicavam entre si o máximo possível. No século III, os principais bispos estavam

---

SÍMBOLOS CRISTÃOS

Os primeiros cristãos usavam sinais secretos para mostrar que tinham a mesma fé. Entre eles, estavam o peixe, a âncora e a pomba. O símbolo que Constantino escolheu para pintar no escudo de seus soldados foi o Chi Rho, formado pelas duas primeiras letras gregas da palavra *Cristo*.

sediados em Roma, Alexandria (no Egito) e Antioquia (na Turquia).

Constantino e os cristãos

O imperador Diocleciano morreu em 305 d.C. e, no ano seguinte, um novo e ambicioso governante chamado Constantino chegou ao poder. Nesse estágio de sua história, o Império Romano estava dividido em dois: Constantino compartilhava com Magêncio o controle do Império do Ocidente e outros dois governantes controlavam o Império do Oriente.

Em 312 d.C., Constantino lutou com Magêncio na Batalha da Ponte Mílvia, perto de Roma. Pouco antes da batalha, teve uma visão: viu uma cruz luminosa no céu e ouviu uma voz dizer "Com este signo vencerás". Imediatamente, Constantino deu ordens a todos os soldados que pintassem o cristograma Chi Rho em seus escudos (ver o quadro na página 49). Seu exército foi vitorioso, e Constantino se convenceu de que devia apoiar os cristãos do império.

Depois da vitória contra Magêncio, Constantino anunciou que os cristãos de todo o Império do Ocidente teriam liberdade para praticar sua religião. Esse famoso anúncio feito em 313 d.C. ficou conhecido como Édito de Milão. Constantino também doou dinheiro aos bispos para construírem grandes igrejas ou basílicas, como a magnífica basílica de São Pedro, em Roma. Ele declarou que o domingo seria um dia de descanso e custeou a elaboração de novas cópias das Escrituras.

> **REUNIÕES SUBTERRÂNEAS**
>
> Na cidade de Roma, os cristãos realizavam reuniões secretas nas catacumbas, uma série de túneis e cavernas sob a cidade usados como local de sepultamento. Nesses túneis antigos, foram encontrados pinturas e altares cristãos datados do século IV.

Os restos da Catacumba de Priscila, sob a cidade de Roma. Algumas catacumbas onde os primeiros cristãos se reuniam tinham pinturas de Jesus nas paredes.

58 CRISTIANISMO

VIDAS EM ISOLAMENTO

Alguns cristãos escolheram passar a vida como ermitões, vivendo sozinhos em regiões isoladas. São Simeão Estilita, ficou famoso por passar trinta anos sentado no alto de um pilar! Mas nem todos queriam ser eremitas. No século IV, começaram a se formar comunidades de monges e freiras, separados por sexo, que dedicavam a vida a orações e contemplação, isolados do resto da sociedade.

Esta moeda romana mostra o imperador Constantino com uma coroa de folhas de oliveira. Foi cunhada na França por volta de 306 d.C.

Em 324 d.C., o imperador Constantino derrotou os governantes do Império do Oriente e assumiu o controle de todo o Império Romano. Três anos depois, transferiu a capital de Roma para a cidade de Bizâncio (a atual Istambul), que rebatizou de Constantinopla. Ele a transformou numa cidade cristã e construiu muitas belas igrejas.

O Concílio de Niceia

No governo de Constantino, houve uma discussão violenta entre dois pensadores cristãos. O padre egípcio Ário afirmava que Cristo fora criado por Deus, enquanto Atanásio, bispo de Alexandria, dizia que Cristo fazia parte de Deus e existia desde o começo dos tempos. Como a discussão ameaçava dividir a Igreja, Constantino resolveu agir. Em 325 d.C., ele convocou todos os bispos para se reunirem no Concílio de Niceia (na Turquia de hoje) para apoiar Atanásio. Eles escreveram uma declaração de suas crenças que ficou conhecida como Credo Niceno. O Credo ainda é recitado pelos cristãos de hoje. Ele afirma que o Filho de Deus é "consubstancial ao Pai", ou seja, da mesma substância do pai.

Religião estatal

Cerca de 25 anos depois da morte de Constantino, o imperador Juliano tentou trazer de volta os deuses e deusas romanos, mas era tarde demais para interromper o crescimento do cristianismo. Depois de Juliano, todos os imperadores apoiaram os cristãos. Em 391 d.C., o imperador Teodósio declarou que o cristianismo era a religião oficial do império. Nessa época, a Igreja cristã se tornara rica e poderosa. Os cristãos construíam grandes igrejas e realizavam cultos elaborados, com cânticos e hinos.

No século IV d.C., os bispos fizeram vários concílios para determinar o formato do culto e fixar a data das grandes festas do calendário cristão. O bispo de Roma teve papel de liderança nesses concílios e, aos poucos, assumiu o papel de chefe da Igreja e ganhou o novo título de Papa.

A queda do Império Romano

Na década de 350, o Império Romano foi ameaçado por tribos bárbaras, a maioria delas pagã, com deuses próprios. Em 401 d.C., um exército de visigodos atacou a cidade de Milão, no norte da Itália, e, em 410 d.C., eles invadiram Roma. Os romanos lutaram, mas não conseguiram impedir que hordas de vândalos e outras tribos entrassem pela

Alemanha e pela França. Em 409 d.C., os vândalos invadiram a Espanha; vinte anos depois, conquistaram o norte da África. A partir de lá, foram para a Itália e, em 455 d.C., passaram doze dias saqueando Roma. O Império Romano do Ocidente finalmente desmoronou em 476 d.C. Foi um grande golpe para o cristianismo.

SANTO AGOSTINHO DE HIPONA

Santo Agostinho foi bispo de Hipona, no norte da África, de 396 a 430 d.C. Teólogo e filósofo, ele escreveu muitos livros sobre a fé cristã. Agostinho acreditava especificamente que os pecadores podem ser perdoados pela graça de Deus. Ele influenciou bastante o desenvolvimento dos ensinamentos cristãos e é conhecido como um dos Padres da Igreja. Depois de assistir ao colapso do Império Romano, ele escreveu o famoso livro *A cidade de Deus*, no qual insiste na importância de uma comunidade cristã unida e separada do Estado.

Detalhe de um quadro italiano mostrando Santo Agostinho.

60 CRISTIANISMO

Início da Idade Média Depois da queda de Roma, o Império do Ocidente se dividiu em pequenos reinos bárbaros. Em muitas regiões da Europa, o cristianismo desapareceu completamente, mas a Igreja sobreviveu em Roma. Alguns mosteiros também sobreviveram, e os monges copiaram os textos sagrados para manter vivos os ensinamentos cristãos. A Igreja iniciou um longo período de atividade missionária e expansão pelo mundo. Uma das primeiras regiões a serem convertidas ao cristianismo foi a Irlanda, onde, na primeira metade do século V d.C., São Patrício criou vários mosteiros cristãos. Esses mosteiros serviram de base para outros missionários que levaram a mensagem cristã à Grã-Bretanha e à França.

Em 596 d.C., o papa Gregório, o Grande, mandou um monge chamado Agostinho pregar aos anglos, no sul da Inglaterra.

Escultura em pedra de São Patrício na entrada da Capela Real em Dublin, na Irlanda.

Dois séculos depois, o monge inglês São Bonifácio converteu as tribos da Alemanha de hoje. O povo viking da Escandinávia

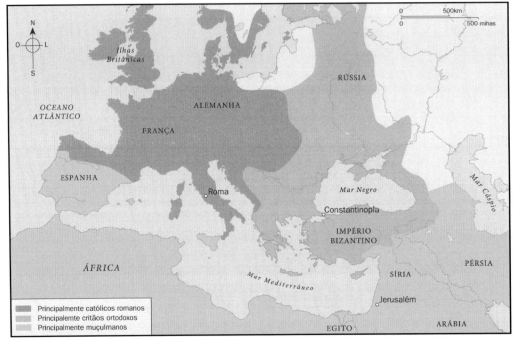

As igrejas do Oriente e do Ocidente depois do cisma de 1054. O mapa também mostra a extensão do Islã (a religião muçulmana) nessa época.

levou mais tempo para aceitar a fé, mas no século XI havia igrejas na Dinamarca, na Suécia e na Noruega.

Enquanto se reconstruía lentamente no Ocidente, a Igreja prosperava na parte oriental do Império Romano. A capital do Império Romano do Oriente (bizantino) era Constantinopla, que se tornou um centro importante do cristianismo. De lá, missionários levaram a mensagem para o leste. No século IX, São Cirilo e São Metódio transmitiram a mensagem cristã aos eslavos da Europa oriental e, em 988, o príncipe Vladimir da Rússia declarou que todos os russos tinham de ser batizados como cristãos.

O cristianismo também chegou à Síria e à Pérsia, mas muitos cristãos dessas áreas se revoltaram contra os ensinamentos predominantes na Igreja. Na Síria, os rebeldes eram monofisitas e, na Pérsia, nestorianos. Nenhum desses grupos era reconhecido pelos líderes da Igreja.

No século VII, uma nova religião, o islamismo, surgiu na Arábia. Dentro de cem anos, o islamismo se estabeleceu numa grande área: Oriente Médio, norte da África e sul da Espanha. Algumas comunidades cristãs sobreviveram nessas regiões, mas em número muito menor do que os muçulmanos.

CRISTIANISMO NA ETIÓPIA

No século IV d.C., um missionário cristão chamado Frumêncio naufragou no litoral da Etiópia, no norte da África. Ele converteu o rei do antigo reino etíope de Axum. Dois séculos depois, a área do atual Sudão também se tornou cristã. Mesmo depois que o norte da África foi ocupado por governantes muçulmanos, a Etiópia continuou a ser predominantemente cristã.

A divisão Oriente-Ocidente Aos poucos, a Igreja do Oriente se tornou mais independente da ocidental. As duas discordavam em várias questões teológicas e doutrinárias, como a fonte do Espírito Santo (procederia do Pai ou do Pai e do Filho?) e se o pão da Comunhão deveria ser fermentado ou não. Depois de muito debate, houve o cisma (separação) em 1054. A Igreja do Oriente passou a ser comandada pelo Patriarca de Constantinopla, e a do Ocidente pelo Papa, em Roma. Mais tarde,

A cidade de Constantinopla (mais tarde, Istambul), centro da Igreja do Oriente, era cheia de igrejas esplêndidas. Esta fotografia mostra a cúpula da igreja de Nagle Sofia, em Istambul.

62 CRISTIANISMO

a Igreja do Oriente ficou conhecida como Igreja Ortodoxa, e a do Ocidente se tornou a Igreja Católica Romana.

O crescimento dos mosteiros

Nos séculos IV e V d.C., os mosteiros se organizaram melhor, em parte devido às ações de dois homens: São Basílio (ver quadro) e São Bento.

São Bento de Núrsia, o pai do monasticismo ocidental, nasceu no norte da Itália em 480. Ele começou sua vida religiosa como eremita, mas logo decidiu que seria preferível os monges viverem juntos numa comunidade. Criou então o famoso mosteiro de Monte Cassino e escreveu um conjunto de regras a serem seguidas pelos monges. De acordo com a regra de São Bento, os monges deveriam dividir seu tempo em orações, estudos e trabalho braçal intenso, como a agricultura. Ele ensinou seus seguidores a se reunirem para os cultos em horas regulares do dia. Também ensinou os monges a comer alimentos simples, usar roupas despojadas (chamadas hábitos) e cuidar dos doentes

MOSTEIROS ORTODOXOS

Em meados do século IV, São Basílio, o Grande, fundou um mosteiro no Ponto (no sul do Mar Negro). Ele escreveu uma série de regras para seus monges que os instruíam a rezar, fazer boas obras, ajudar os pobres e os doentes e estudar a Bíblia. Nos séculos seguintes, fundaram-se muitos mosteiros na Turquia e na Grécia, todos seguindo as regras de São Basílio.

Pintura medieval que mostra São Bento abençoando os membros de sua ordem.

CRISTIANISMO

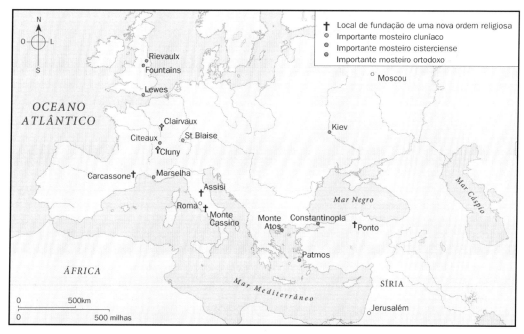

Este mapa mostra alguns mosteiros cristãos importantes na Idade Média e locais onde foram fundadas ordens religiosas.

e dos pobres. Depois da morte de Bento, criaram-se mosteiros beneditinos em toda a Europa ocidental.

No século X, o abade Odilo assumiu o controle do mosteiro beneditino de Cluny, no centro da França. Ele criou um novo tipo de comunidade monástica, concentrada no estudo, na música e nas artes plásticas. Logo os mosteiros cluníacos se espalharam por toda a França. Os prédios eram lindamente decorados, e os monges cluníacos celebravam missas elaboradas. No entanto, São Bernardo de Claraval, outro abade francês, reagiu contra a riqueza dos mosteiros cluníacos. Ele criou a ordem dos cistercienses, que levavam uma vida simples de oração em prédios muito mais discretos. O movimento cisterciense se tornou muito popular nos séculos XII e XIII.

Franciscanos e dominicanos

No início do século XIII, os frades pertenciam a algumas ordens religiosas mendicantes. Como os monges, levavam uma vida simples, mas passavam a maior parte do tempo viajando, pregando e cuidando de pobres e doentes. Dois homens foram responsáveis pelo aumento dos frades: São Domingos e São Francisco. São Domingos era um missionário espanhol que se dedicou a converter hereges. Em 1215, fundou uma ordem de pregadores especializados em ensinar, mais tarde chamados de dominicanos. A primeira comunidade dominicana ficava perto de Carcassonne, no sul da França.

São Francisco era da cidade italiana de Assis. Levou uma vida santa, ensinando e cuidando dos pobres, e logo atraiu muitos seguidores. Em 1209, criou a ordem dos frades franciscanos em Assis. Três anos depois, Santa Clara, amiga de São Francisco, criou para as mulheres a Ordem das Clarissas. Como os franciscanos, as clarissas moravam em prédios simples e passavam a maior parte do tempo em oração e ajudando os pobres.

64 CRISTIANISMO

Sacro Império Romano Na Idade Média, era comum os papas receberem apoio de governantes seculares poderosos da Europa ocidental, mas a Igreja e esses governantes também entravam em choques frequentes. Um dos grandes patrocinadores iniciais da Igreja foi o imperador Carlos Magno. Ele se tornou líder dos francos em 768 e construiu um grande império cristão que incluía a maior parte da Alemanha e da França de hoje. Em 800, o Papa Leão III coroou Carlos Magno imperador dos romanos (Sacro Imperador Romano), e, em troca, Carlos Magno prometeu apoiar a Igreja. Essa aliança com Carlos Magno deu à Igreja muito poder No entanto, depois de sua morte o império de Carlos Magno se desfez.

Em 955, o rei alemão Otto I obteve o controle de grandes regiões da Europa central e oriental. O Papa lhe concedeu o título de Sacro Imperador Romano, o que deu a Otto e seus descendentes o controle de todos os bispos e de suas terras. Os imperadores usavam os bispos para ajudá-los a governar, mas os papas queriam controlar os bispos, também na esperança de lucrar com suas terras. Entre os séculos XI e XIII, os papas e imperadores lutaram

Mapa da Europa medieval mostrando os seguidores dos papas rivais, sediados em Avignon e em Roma. Os sacros imperadores romanos ficaram mudando de lado, às vezes apoiando um papa, às vezes o outro.

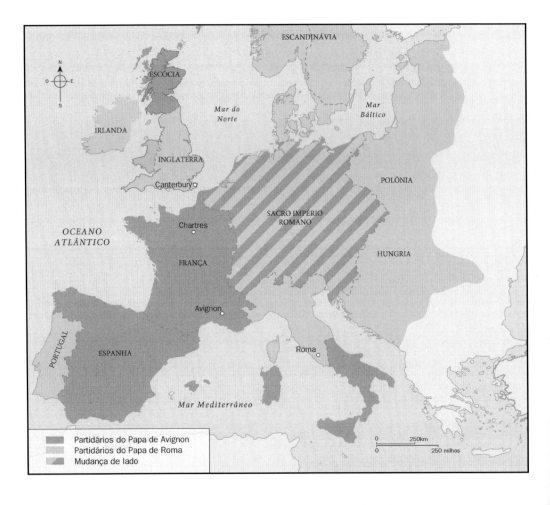

CRISTIANISMO

encarniçadamente pelo direito de controlar os bispos.

Papas rivais Em 1309, dois homens competiram pelo título de Papa. Um deles pediu ajuda ao rei francês e mudou a sede do papado para Avignon, no sul da França, enquanto seu rival ficava em Roma. Os papas oficiais passaram os cem anos seguintes na França, mas durante parte desse tempo também havia papas rivais em Roma. Alguns países europeus ocidentais seguiram o Papa de Avignon, outros apoiaram o Papa de Roma. A situação se complicou ainda mais com os sacros imperadores romanos, que não paravam de mudar de lado. Tudo isso provocou uma grande divisão chamada Grande Cisma do Ocidente, que enfraqueceu muito o poder dos papas e bispos católicos romanos.

Cruzadas No fim do século XI, muitos cristãos passaram a se preocupar com a Terra Santa. Durante cerca de quatrocentos anos, a Palestina fora governada por turcos muçulmanos que, na maior parte, tinham permitido que peregrinos cristãos fossem a Jerusalém. No entanto, na década de 1090 as relações entre turcos e cristãos se deterioraram, e alguns peregrinos foram atacados. Os cristãos da Igreja do Oriente se sentiram especialmente ameaçados. As terras turcas eram vizinhas do Império Bizantino cristão, e aos poucos os turcos conquistavam terras bizantinas. Isso alarmou os cristãos, tanto os do oriente quanto os do ocidente. Em 1095, o Papa Urbano II fez um sermão instando todos os cristãos a começar uma "guerra santa"

PEREGRINAÇÕES

Os cristãos medievais costumavam fazer peregrinações. Percorriam grandes distâncias até os santuários que guardavam relíquias ou eram túmulos de santos. Os peregrinos faziam essas viagens na esperança de que Deus perdoasse seus pecados e curasse suas doenças. Jerusalém e Roma eram destinos comuns das peregrinações. Na Inglaterra, os peregrinos visitavam o santuário de São Tomás Becket, em Canterbury. O arcebispo Becket brigou com o rei Henrique II e foi assassinado em 1170 pelos cavaleiros do rei.

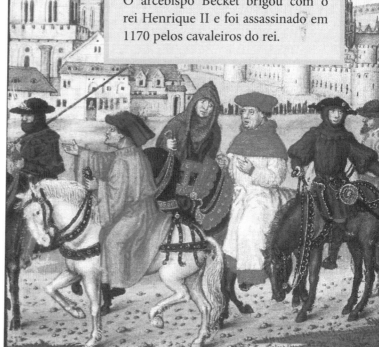

Esta pintura vem de uma versão ilustrada dos Contos de Canterbury, *de Geoffrey Chaucer. Escrito no século XIV, esse livro fala de um grupo de peregrinos que vai de Londres a Canterbury, contando histórias pelo caminho.*

CRISTIANISMO

ou Cruzada para expulsar os muçulmanos da Terra Santa. Nobres da França, da Alemanha e da Itália reuniram seus exércitos e embarcaram para o Oriente Médio, dando início à Primeira Cruzada.

Em 1099, os cruzados capturaram Jerusalém e as terras circundantes. Alguns ficaram para defender o território recém-conquistado, mas muitos voltaram para casa. Em 1144, um exército muçulmano ocupou a cidade de Edessa (na Turquia de hoje), e a Segunda Cruzada não conseguiu recuperá-la. Em 1187, os muçulmanos comandados por Saladino recapturaram Jerusalém.

CAVALEIROS DE CRISTO

Durante as Cruzadas, formaram-se novas ordens de monges guerreiros, os cavaleiros de Cristo. Eles viviam como monges e dedicavam a vida a Deus, mas também eram guerreiros ferozes. As principais ordens de cavaleiros de Cristo eram os Templários, os Hospitalários e os Cavaleiros Teutônicos.

A Terceira Cruzada foi encabeçada por governantes da França, da Inglaterra e da Alemanha; venceu muitas batalhas e capturou a cidade de Acre, mas não conseguiu recuperar Jerusalém. A Quarta Cruzada só chegou a Constantinopla. Lá, os cruzados se voltaram contra os bizantinos e ocuparam a cidade. Cruzados da Europa ocidental governaram Constantinopla nos sessenta anos seguintes e mandaram para casa muitos tesouros bizantinos. Esse período provocou profunda amargura entre as igrejas oriental e ocidental.

Nos cem anos seguintes, haveria mais três Cruzadas, mas os cristãos não fizeram conquistas importantes. Em 1229, os muçulmanos permitiram que os cristãos ocupassem Jerusalém. Entretanto, o acordo não durou. Em 1244, um exército muçulmano recuperou Jerusalém e, em 1291, os muçulmanos finalmente conquistaram

Visão da captura da cidade de Antioquia por um artista medieval. A primeira Cruzada conquistou Antioquia dos turcos muçulmanos.

CRISTIANISMO 67

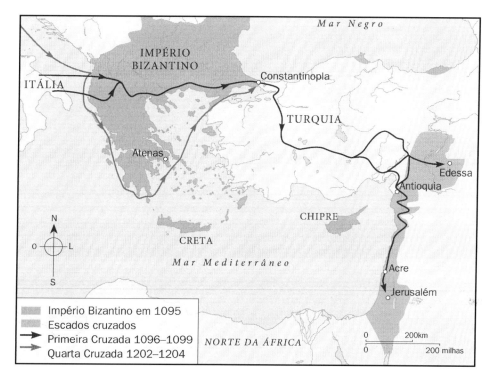

Este mapa mostra as rotas seguidas por Cruzadas diferentes e a terra conquistada pelos cruzados.

Acre, a última cidade cruzada. Foi o fim das Cruzadas.

Martinho Lutero No início do século XVI, havia na Europa ocidental muitos descontentes com a Igreja Católica Romana. Um número demasiado de líderes da Igreja se interessava somente por riqueza e poder, e o povo se queixava de que os padres das paróquias eram preguiçosos e mal instruídos. Especificamente, a Igreja era acusada de vender indulgências (perdões dos pecados). Os ricos pagavam grandes quantias por essas indulgências, enquanto os pobres não podiam se dar ao luxo de ter seus pecados absolvidos.

Em 1517, um padre alemão chamado Martinho Lutero compilou suas Noventa e Nove Teses, uma lista de reformas necessárias na Igreja Católica. Ele pregou

> ## UM ESTILO PROTESTANTE MAIS SIMPLES
>
> Em geral, as igrejas protestantes têm estilo muito mais simples do que as igrejas católicas. Ao contrário das católicas, não há estátuas da Virgem Maria nem de santos, já que os protestantes acreditam que devem se comunicar diretamente com Deus e Jesus e não rezar pela intercessão de Maria e dos santos. A única exceção a essa prática é a Igreja Anglicana, que assumiu os prédios das igrejas católicas e manteve algumas características daquela fé.

essa lista na porta da igreja de Wittenberg, no norte da Alemanha, e logo suas ideias se disseminaram. Os líderes da Igreja ficaram furiosos, e em 1520 o Papa excomungou Lutero. O padre foi para a clandestinidade, mas continuou trabalhando em sua ideia

68 CRISTIANISMO

de reformar a Igreja. Ele acreditava que as missas deveriam ser simples e que o povo deveria ler a Bíblia por conta própria, em vez de só ouvir a leitura do padre. Para possibilitar isso, ele traduziu o Novo Testamento do grego para o alemão.

Lutero tinha a intenção de reformar por dentro a Igreja Católica, mas na década de 1520 ficou claro que isso seria impossível. Aos poucos, em toda a Alemanha começaram a ser celebrados cultos simples com base nas ideias de Lutero, e assim nasceu a Igreja Luterana. Na década de 1550, o luteranismo chegou a Dinamarca, Noruega e Suécia. Outras igrejas protestantes seguiram o exemplo dos luteranos e passaram a celebrar cultos simples, com hinos e leituras da Bíblia.

A imprensa O desenvolvimento da imprensa teve papel importante na rápida disseminação das ideias de Lutero. Em 1436, Johannes Gutenberg, de Mainz, na Alemanha, inventou o método de imprimir com tipos móveis e, em 1500, já havia gráficas na Alemanha e em toda a Europa. Lutero era um escritor talentoso e popular que redigiu muitos folhetos, todos amplamente lidos. Graças à imprensa, pessoas comuns também puderam ler a tradução da Bíblia de Lutero.

Calvinismo João Calvino era um padre francês que rompeu com a Igreja Católica. Em 1541, ele formou um grupo de protestantes em Genebra, na Suíça. Como Lutero, Calvino enfatizava a importância da Bíblia no culto cristão. Também afirmava que alguns escolhidos seriam salvos e iriam para o céu, enquanto outros iriam para o inferno. Calvino escreveu vários livros sobre a Bíblia, muito lidos na Europa. O calvinismo se tornou muito popular na Suíça e também chegou à Escócia e aos Países Baixos.

Um dos primeiros exemplares da Bíblia de Lutero, traduzida do grego para o alemão. Este exemplar pertenceu ao próprio Lutero e tem correções e anotações feitas por ele.

A dissolução dos mosteiros ordenada pelo rei Henrique VIII fez com que muitos belos prédios ficassem em ruínas. Um dos muitos mosteiros arruinados é a Abadia de Rievaulx, em Yorkshire, na Inglaterra.

A rebelião de Henrique VIII

A Reforma Protestante inglesa começou quando o rei Henrique VIII brigou com o Papa. Ele queria se divorciar da primeira esposa, Catarina de Aragão, e se casar com a amante Ana Bolena, mas o Papa lhe recusou o divórcio. Henrique ficou tão zangado que decidiu romper com a Igreja Católica. Em 1534, uma lei aprovada no Parlamento nomeou Henrique chefe supremo da Igreja da Inglaterra e marcou o início da Igreja Anglicana.

De certo modo, a Igreja Anglicana simplesmente manteve as práticas da Igreja Católica Romana: continuou com todos os bispos, padres e paróquias e assumiu as igrejas e catedrais católicas. No entanto, havia algumas diferenças importantes. Havia bíblias nas igrejas anglicanas para o público ler, e os cultos eram celebrados em inglês, não em latim. Em 1549, Thomas Cranmer, arcebispo de Canterbury, publicou o *Livro de Oração Comum*, que estabeleceu os rituais e cultos da Igreja Anglicana. Hoje, anglicanos do mundo inteiro ainda usam

A IGREJA PRESBITERIANA

A Igreja Presbiteriana começou na Escócia na década de 1560. Foi fundada por John Knox, que, durante vários anos, foi pregador de uma igreja calvinista em Genebra, na Suíça. Na Igreja Presbiteriana, não há forma fixa de culto, e cada congregação é encabeçada por um grupo de presbíteros ou anciãos, todos com o mesmo nível de autoridade. Quando se tornou rei da Inglaterra em 1603, Jaime I reconheceu o presbiterianismo como a fé nacional da Escócia. Mais tarde, o presbiterianismo chegou à Inglaterra, ao País de Gales, à Irlanda e à América do Norte.

CRISTIANISMO

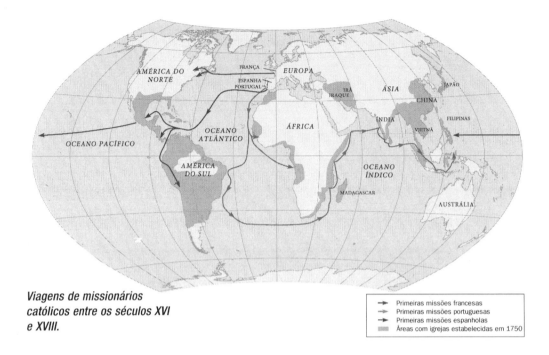

Viagens de missionários católicos entre os séculos XVI e XVIII.

→ Primeiras missões francesas
→ Primeiras missões portuguesas
→ Primeiras missões espanholas
▓ Áreas com igrejas estabelecidas em 1750

livros de oração baseados na obra original de Cranmer.

Em 1538, Henrique VIII começou uma campanha para dissolver os mosteiros católicos da Inglaterra. Todos sabiam que muitos monges e freiras não levavam vidas santas, mas Henrique também queria destruir o poder e a riqueza da Igreja Católica em seu reino e, ao mesmo tempo, encher os cofres reais com a venda das terras da Igreja. Os prédios de alguns mosteiros foram vendidos a nobres ricos, mas muitos simplesmente caíram em ruínas.

A Contrarreforma Enquanto a Reforma ganhava força, os líderes católicos romanos resolveram recuperar os fiéis de sua igreja e começaram a chamada Contrarreforma. Um dos primeiros setores reformados foram os mosteiros. As ordens monásticas existentes sofreram reformas, e criaram-se várias ordens novas. Os líderes católicos fundaram seminários para instruir os padres, construíram novas igrejas e catedrais ornamentadas e atacaram os protestantes em livros e sermões. De 1545 a 1563, os líderes da Igreja se reuniram no chamado Concílio de Trento. Esse concílio ecumênico serviu para reafirmar suas crenças, condenar as ideias protestantes e planejar a reforma da Igreja.

A mais famosa das novas ordens monásticas foi a Sociedade de Jesus ou os jesuítas. A ordem foi fundada em 1534 pelo monge espanhol Inácio de Loiola. Os jesuítas levavam uma vida de extrema disciplina e devoção a Cristo e prometiam cumprir qualquer tarefa que o Papa lhes pedisse. Eles criaram escolas e seminários e viajaram como missionários, primeiro à Polônia e depois a terras mais distantes.

Desde o início do século XVI, os missionários cristãos começaram a acompanhar os exércitos conquistadores até as terras recém-descobertas na América do Sul, na África e na Ásia. Os missionários jesuítas eram especialmente aventureiros. Francisco Xavier, por exemplo, comandou missões na Índia, no Sri Lanka e no Japão nas décadas de 1540 e 1550; em 1582 Matteo Ricci foi à China, onde passou os vinte anos seguintes. No começo do século XVII, missionários católicos tinham convertido centenas de milhares ao cristianismo e fundado igrejas, mosteiros e escolas em muitas regiões da Ásia e da América do Sul. No entanto, nem todas as missões foram bem sucedidas. Na década de 1640, um grupo de missionários jesuítas franceses foi morto no Canadá por nativos americanos.

Guerras religiosas Em muitas regiões da Europa, a separação entre protestantes e católicos provocou guerras. Na Alemanha, luteranos e católicos lutaram entre si na Guerra dos Trinta Anos (1618-1648), enquanto na França os huguenotes ou protestantes franceses combateram o rei católico e seus partidários. O fato mais horrível da guerra travada na França foi o massacre do dia de São Bartolomeu, em 1572, em que milhares de huguenotes foram mortos num único dia.

> ### ARTE BARROCA
> Na Contrarreforma, desenvolveu-se o barroco, estilo novo e muito elaborado de arte e arquitetura religiosas. Muitos líderes católicos privilegiaram esse estilo por estimular as emoções e incentivar a devoção do povo. Pintores e escultores barrocos como Gian Lorenzo Bernini produziram imagens dramáticas de santos tendo visões milagrosas e mártires sofrendo mortes terríveis.

O Êxtase de Santa Teresa *foi criado por Gian Lorenzo Bernini entre 1647 e 1652. Obras como essa tinham um forte efeito emocional sobre os católicos.*

Puritanos

No século XVI, sob o reinado de Elizabeth I (1558-1603), alguns protestantes ingleses ficaram descontentes com a igreja anglicana. Os puritanos desaprovavam o luxo e a exibição. Vestiam-se com muita discrição e faziam cultos bem simples. Na década de 1650, os puritanos obtiveram o poder político na Inglaterra. Na década anterior, houve uma luta de poder entre o rei Carlos I e o Parlamento que provocou uma guerra civil (1642-1649). As forças do Parlamento triunfaram, e Oliver Cromwell, um de seus líderes, assumiu o poder. Cromwell era puritano e, de 1653 a 1658, governou a Inglaterra de acordo com seus princípios. Ele fechou muitas cervejarias e desestimulou a dança e o teatro. Em 1660, no entanto, Carlos II, filho de Carlos I, se tornou rei e fez do anglicanismo a religião oficial da Inglaterra.

Batistas

Como os puritanos, os batistas eram uma dissensão da Igreja Anglicana. A princípio chamados de separatistas, foram perseguidos na Inglaterra e fugiram para a Holanda em 1608. Os separatistas voltaram à Inglaterra em 1612 e atraíram muitos seguidores. No século XVIII, a Igreja Batista estava bem estabelecida na Europa e na América do Norte. Os batistas só batizam crentes adultos com a imersão total em água, porque Cristo só foi batizado quando adulto.

Cristãos na América do Norte

Em 1620, os peregrinos — um grupo de puritanos e separatistas — zarpou da Inglaterra rumo à América do Norte. Chegaram a Plymouth, em Massachusetts, no litoral leste, e criaram ali uma colônia. No século seguinte, protestantes da Inglaterra, da Escócia, da Alemanha e dos Países Baixos foram para a América do Norte. A maioria se instalou no leste e no norte do continente, e essas áreas se tornaram fortemente protestantes.

No século XVI, os espanhóis tinham colonizado a parte oriental da América do Norte, enquanto os franceses ocuparam grandes regiões do centro do continente até vendê-las aos Estados Unidos no século XIX. Portanto, tanto na região central

Depois de se instalarem em Plymouth, nos EUA, os peregrinos realizaram um culto de ação de Graças a Deus. Este quadro mostra o primeiro sermão feito em Plymouth.

CRISTIANISMO 73

QUACRES

A Sociedade dos Amigos — os quacres — foi fundada na Inglaterra por volta de 1650. Em vez de igrejas, eles têm casas de reunião e insistem na importância da meditação silenciosa. Pouco depois da formação da Sociedade, alguns quacres foram para a América do Norte, mas foram perseguidos pelos grupos cristãos maiores que já estavam lá. Na década de 1670, um quacre chamado William Penn começou a comprar terras para seu grupo na área que depois se tornaria o estado da Pensilvânia. Hoje, várias organizações quacres têm sede na Pensilvânia.

quanto no oeste da América do Norte, o catolicismo romano era a principal religião dos colonos europeus.

Na década de 1730, um jovem ministro da Igreja chamado Jonathan Edwards começou a viajar pela costa leste dos EUA pregando com grande paixão. Os sermões de Edwards tiveram efeito drástico sobre os ouvintes e converteram milhares ao cristianismo. Os seguidores de Edwards construíram igrejas em toda a Nova Inglaterra, e ele inspirou muitos pregadores

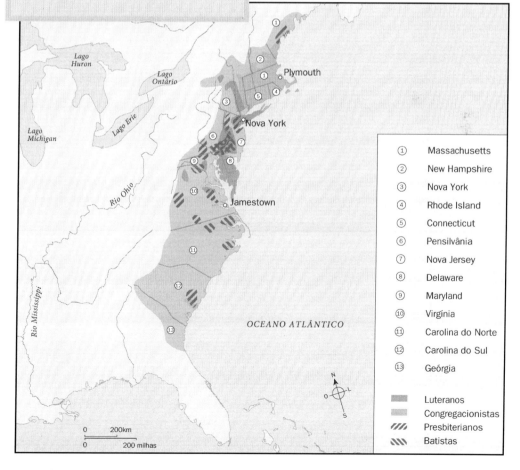

As colônias norte-americanas em 1750 e os principais grupos cristãos. As igrejas luterana e congregacionista tinham muitos fiéis, mas nenhum grupo religioso isolado dominava as colônias.

74 CRISTIANISMO

a espalharem a palavra de Deus. Mais tarde, esse movimento dramático recebeu o nome de Primeiro Grande Despertar.

John Wesley e os metodistas

No século XVIII, alguns pregadores cristãos começaram a viajar de um lugar a outro espalhando sua mensagem de salvação. Eles realizavam reuniões a céu aberto em que pregavam e incentivavam o público a orar junto e cantar hinos. Esse tipo de culto em que a mensagem cristã é levada ao mundo costuma ser chamado de evangelismo. Um dos primeiros cristãos evangelistas foi John Wesley, que desenvolveu o metodismo.

Wesley estudou para ser ministro anglicano mas, em 1738, passou pela chamada conversão evangélica e começou a espalhar a mensagem de que os cristãos podiam ser salvos de seus pecados. A princípio, ele pregou sua mensagem em igrejas anglicanas, mas depois viajou pelo país realizando reuniões ao ar livre aonde quer que fosse.

Os metodistas fazem cultos simples em que cantam hinos empolgantes e pregam sermões apaixonados. Também visam a levar uma vida virtuosa e ajudar os pobres. John Wesley se assegurou de que a Igreja Metodista fosse bem organizada e usou pregadores ambulantes para disseminar a Palavra. Seu movimento cresceu rapidamente na Grã-Bretanha e nos EUA.

Novo Renascimento e mais revelações

Durante o século XVIII, uma onda de sentimento religioso novo e vigoroso varreu os EUA. Chamada de Segundo Grande Despertar, começou com os camp meetings — reuniões públicas de avivamento realizadas em tendas nos estados americanos do Kentucky e do Tennessee. As pessoas passavam dias nesses acampamentos, escutando sermões ardentes e sendo batizadas aos milhares nos rios locais. Mais tarde, esse avivamento cristão chegou à costa leste, onde pregadores vigorosos como Lyman Beecher e Charles Finney atraíram multidões enormes. Muitos cristãos recém-convertidos trabalharam para mudar a sociedade americana. Especificamente, o Segundo Grande Despertar levou muita gente a fazer campanha contra a escravidão.

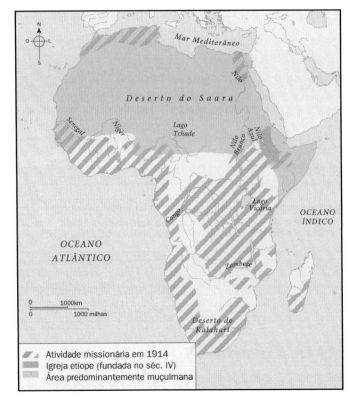

A África em 1914, mostrando todas as áreas alcançadas por missionários cristãos. O mapa também mostra a antiga comunidade cristã da Etiópia.

O EXÉRCITO DA SALVAÇÃO

Em 1861, o ministro metodista William Booth e sua mulher Catherine começaram uma missão cristã para ajudar os pobres no East End de Londres. Para isso, Booth criou uma entidade chamada Exército da Salvação. Seus membros vestiam uniformes fáceis de reconhecer e realizavam cultos animados nas ruas, atraindo grandes multidões com a música alegre de suas bandas. Além de pregar o evangelho, o Exército da Salvação oferecia comida e abrigo a necessitados. Em 1912, suas filiais chegavam a mais de cinquenta países.

Durante o século XIX, foram criadas nos EUA várias seitas cristãs novas, em geral por alguém que pregava uma nova "revelação" da mensagem da Bíblia. Algumas seitas bem sucedidas foram os mórmons, a Ciência Cristã e as Testemunhas de Jeová. Esses três grupos religiosos logo obtiveram grande número de seguidores no mundo inteiro.

Missionários cristãos

Na década de 1850, países como Grã-Bretanha, Alemanha e França conquistaram extensas colônias na África e na Ásia. Os cristãos decidiram levar sua fé a essas regiões, e missionários da Europa viajaram por seus impérios e próximo deles. Em 1900, missionários cristãos tinham conseguido abrir igrejas em quase todos os países do mundo. Muitos fizeram mais do que construir igrejas e ensinar o cristianismo: também abriram hospitais e escolas e ajudaram a introduzir novos métodos agrícolas. Uma parte importante do trabalho missionário era fornecer exemplares da Bíblia no idioma de cada povo, para que pudessem lê-la por

Durante muitos anos, Evangeline Booth, filha de William e Catherine Booth, foi um dos líderes do Exército da Salvação. Aqui, ela aparece pedindo dinheiro para as obras da entidade.

76 CRISTIANISMO

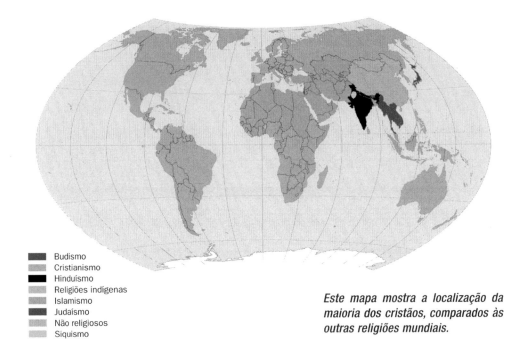

Este mapa mostra a localização da maioria dos cristãos, comparados às outras religiões mundiais.

conta própria. Em 1900, o Novo Testamento já tinha sido traduzido para mais de quinhentas línguas.

O movimento carismático No começo do século XX, começou um novo movimento cristão, a Igreja Pentecostal, em Los Angeles, na Califórnia. Hoje, os cristãos pentecostais também são chamados de cristãos carismáticos. Eles realizam cultos muito animados, dos quais todos participam com entusiasmo, e alguns membros afirmam ter o dom da profecia e da cura. Na década de 1950, o movimento carismático tinha se espalhado pelo mundo inteiro. Em 2011, estimava-se que o movimento tivesse 305 milhões de seguidores[1], o que fez dele o movimento cristão de crescimento mais rápido no mundo inteiro. Hoje, ele é muito popular na América do Sul.

Evangelismo moderno Na década de 1950, houve um novo surto de evangelismo, em que a mensagem cristã foi disseminada com sermões empolgantes e hinos animados. O evangelismo se tornou muito popular nos EUA, auxiliado pelo surgimento da televisão como meio de comunicação de massa. O principal evangelista do século XX foi o pregador americano Billy Graham. Ele fez muitas viagens pelo mundo e falou a cerca de 210 milhões de pessoas em 185 países.

Nos últimos vinte anos, um número crescente de "televangelistas" divulgou sua mensagem pela televisão. Além dos cultos televisados, alguns também fazem comentários sobre atualidades. Nos EUA, vários canais de TV se dedicam totalmente a programas com uma forte mensagem cristã.

Teologia da libertação Na década de 1970, um novo movimento começou na América do Sul dentro da Igreja Católica Romana: a teologia da libertação, baseada na ideia de que os cristãos têm o dever de

---

[1] http://www.pewforum.org/2011/12/19/globalchristianity-exec/

CRISTIANISMO 77

A IGREJA ORTODOXA

Depois do cisma de 1054, a Igreja Ortodoxa seguiu um caminho bem diferente da Igreja Católica Romana. Em 1453, Constantinopla foi conquistada por turcos muçulmanos, e a Igreja Ortodoxa lutou para sobreviver na Turquia e no Oriente Médio. Mas continuou a prosperar na Grécia e na Rússia; cada um desses países desenvolveu tradições próprias.

Em 1922, a Rússia formou a União Soviética, um Estado ateu e comunista. Os líderes soviéticos viam o cristianismo como grande ameaça e, em poucos anos, mais de mil bispos e padres foram executados e centenas de mosteiros destruídos. A perseguição aos cristãos continuou até o colapso da União Soviética em 1991. Desde então, a Igreja Ortodoxa Russa teve um dramático renascimento.

ajudar os pobres e os que sofrem. Os seguidores da teologia da libertação acreditam que devem defender o povo de seu país contra sistemas de governo que mantêm alguns ricos e poderosos às custas dos pobres, que formam a maioria. Diversos padres da América do Sul assumiram posição contra governos corruptos, e vários foram mortos. O arcebispo Oscar Romero, de El Salvador, foi assassinado em 1980 por defender os direitos dos pobres de seu país. O Papa Francisco, que assumiu em 2013, já deu seu apoio a algumas ideias da teologia da libertação.

O cristianismo hoje Atualmente, o cristianismo é a maior religião do mundo. Mais de um terço da população mundial se intitula cristã. Com mais de dois bilhões de fiéis no mundo inteiro, o cristianismo tem quase o dobro de seguidores do islamismo, segunda maior fé do mundo.

O evangelista americano Billy Graham converteu milhões de pessoas ao cristianismo. Aqui ele aparece pregando em Nova York.

O cristianismo prospera em muitas regiões da Ásia. Em 2004, cerca de cem mil sul-coreanos fizeram uma reunião de orações num estádio de futebol para comemorar a Páscoa.

Fundamentalistas O movimento fundamentalista cristão começou nos EUA, no início do século XX, como reação à crescente falta de fé da sociedade moderna. Desde então, cresceu drasticamente, embora a maioria de seus seguidores continue nos EUA. Os cristãos fundamentalistas querem retornar aos fundamentos da religião e acreditam na verdade literal da Bíblia como palavra de Deus. Fazem campanha por padrões morais estritos na vida pública e privada. Muitos fundamentalistas acreditam que Deus criou o mundo em sete dias. Esses "criacionistas" rejeitam a teoria da evolução, que afirma que os seres humanos e os outros primatas têm um ancestral comum.

Na África, em boa parte da Ásia e em setores da América do Sul, o cristianismo vem crescendo muito depressa. Mas na Europa e, em menor grau, nos EUA a religião cristã está em declínio. O comparecimento a missas e cultos na Europa caiu drasticamente desde a década de 1960. Para dar um exemplo, em 2014 apenas 4,5% dos habitantes da França foram à igreja toda semana.[1] Nos EUA, país historicamente muito devoto, menos de 20% vão aos cultos semanais, e a cada ano milhares de igrejas são fechadas.[2]

Mulheres sacerdotes No final do século XX, vários grupos cristãos decidiram ordenar mulheres como sacerdotes ou pastoras. Os luteranos dinamarqueses deram a largada ao eleger sua primeira sacerdotisa em 1947. Os metodistas e presbiterianos americanos começaram a ordenar mulheres em 1956 e, em 1988, a Igreja Episcopal Americana (ramo americano da igreja anglicana) elegeu sua primeira bispa. Em 1994, os anglicanos aprovaram a ordenação de mulheres sacerdotes. No entanto, ainda há resistência à ideia nas igrejas ortodoxa e católica romana.

[2] http://pulitzercenter.org/reporting/europe-italy-catholic-church-millennial-problem-faith

[3] http://www.huffingtonpost.com/steve-mcswain/why-nobody-wants-to-go-to_b_4086016.html

CRISTIANISMO 79

Reunião Em anos recentes, as diversas denominações (ou ramos) da igreja cristã fizeram um esforço considerável para se entenderem e até trabalharem juntas. Esse esforço para estimular a cooperação é o chamado movimento ecumênico. Em 1948, criou-se o Conselho Mundial de Igrejas para incentivar o espírito ecumênico. Em escala menor, há muitas atividades compartilhadas por diversas denominações em comunidades locais.

Em 1964, o papa Paulo VI se reuniu com o patriarca Atenágoras em Jerusalém. Foi a primeira tentativa importante de sanar a divisão entre as igrejas católica romana e ortodoxa desde o cisma de 1054. Depois dessa visita, houve mais reuniões entre os chefes das duas igrejas.

Um exemplo extraordinário do espírito ecumênico é a comunidade Taizé, fundada pelo monge suíço irmão Roger na cidade francesa de Taizé, perto de Lyons. Os irmãos de Taizé celebram missas simples das quais podem participar pessoas de todas as denominações. Todo ano, milhares de pessoas acorrem a Taizé para rezarem juntas.

AJUDAR

Alguns cristãos consideram seu dever ajudar os que sofrem com a pobreza, a fome e as doenças. Instituições cristãs de caridade, como a Christian Aid, enviam apoio e dinheiro a quem sofre, e numerosos indivíduos dedicam a vida a ajudar os outros. Em muitas regiões do mundo, cristãos fundaram hospitais e comunidades de auxílio, geralmente administrados por monges e freiras. Uma das freiras mais famosas é Madre Teresa de Calcutá, que dedicou a vida a ajudar os pobres e desabrigados da Índia.

Irmãs das Missionárias da Caridade de Madre Teresa, numa missa na capela da Casa da Madre, em Calcutá, na Índia.

CAPÍTULO 3

ISLAMISMO

O ISLAMISMO nasceu no século VI, no ambiente árido do deserto da Arábia. Muitos árabes, habitantes da Península Arábica, tinham vida nômade, indo de lugar em lugar com seus rebanhos. Outros cultivavam a terra com a pouca água disponível, enquanto uma minoria morava em cidades. Todos buscavam a proteção de seu clã ou tribo. A região era influenciada por várias tradições religiosas. O Império Bizantino era o império cristão mais importante da região, e o cristianismo dominava o sul da Arábia. No Império Sassânida, sediado na Pérsia (Irã), praticava-se uma religião chamada zoroastrismo. Em toda a região, havia pequenas comunidades judaicas. A maioria dos árabes acreditava num deus criador chamado Alá e em várias divindades menores, a quem pediam ajuda em épocas de necessidade. O centro da vida religiosa era a Caaba, na cidade de Meca. A Caaba era uma pedra em torno da qual se construiu um santuário. Dizia-se que os deuses moravam lá. Peregrinos de toda a península iam cultuar as divindades da Caaba.

82 ISLAMISMO

Maomé Nascido em 570 d.C., Maomé pertencia ao clã curaixita (ver quadro). Quando ficou órfão, foi morar com o avô e, depois, com o tio Abu Talib, um mercador rico. Maomé cresceu e se tornou auxiliar fiel e dedicado de Abu Talib; por volta dos 25 anos, casou-se com uma viúva rica chamada Cadija.

Espiritualizado, Maomé passava muito tempo em solidão. Diz a tradição que, certa noite, quando tinha cerca de 40 anos, ele acordou e se viu tomado por uma presença que agarrou seu corpo. Ele percebeu que recitava as primeiras palavras de uma

OS CURAIXITAS

No fim do século VI, os curaixitas eram o clã dominante em Meca. Eles controlavam a Caaba e ganhavam dinheiro cobrando dos peregrinos uma taxa pelo direito de cultuar o lugar sagrado. Muita gente se ressentia da fortuna dos curaixitas.

A Arábia antes da chegada do Islã e os impérios dominantes na região.

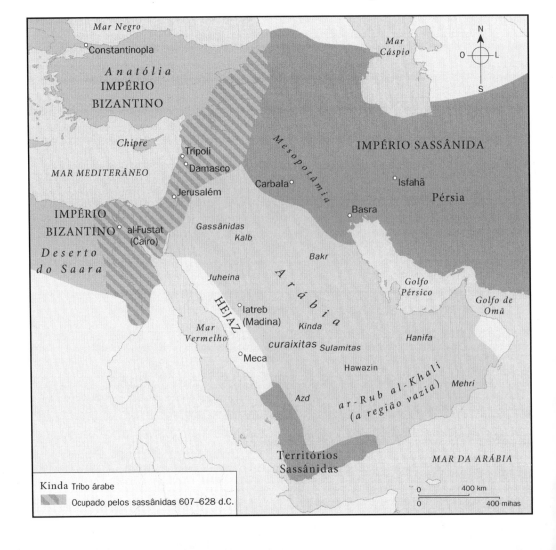

ISLAMISMO

nova Escritura em belas poesias em árabe. E percebeu que Alá o escolhera para ser seu profeta ou mensageiro. Dois anos depois de receber as revelações, Maomé começou a pregar. Assim começou uma nova religião chamada Islã ou islamismo, que significa "submissão" ou "obediência" — submissão à vontade de Deus. O profeta conquistou seguidores, mais tarde chamados de muçulmanos (pessoas que seguem o Islã).

A principal mensagem de Maomé é que há um único Deus verdadeiro e que, depois da morte, todos serão recompensados ou punidos por Deus, dependendo de terem levado vidas boas ou não. Portanto, o primeiro dever de seus seguidores era a Deus, antes da família e da tribo. O profeta ensinou que todas as pessoas tinham de ser respeitadas, inclusive as mulheres e os escravos, e que os ricos deviam dividir suas riquezas com os pobres.

A hégira Os curaixitas ricos não gostaram da mensagem de Maomé. Depois de 619, quando Abu Talib morreu, Maomé não teve mais protetores, e sua nova comunidade foi perseguida em Meca. Em 622, Maomé e seus seguidores se mudaram para a cidade de Iatreb. A migração para Iatreb passou a ser chamada de hégira. A importância desse evento na história do Islã foi tão grande que o ano em que ocorreu, 622 d.C., se tornou o ano 1 do calendário muçulmano. Maomé e seus seguidores foram bem recebidos em Iatreb, e a partir daí a cidade passou a se chamar Medinat an-Nabi (Cidade do Profeta) ou, simplesmente, Medina.

Reformas radicais Em Medina, Maomé implementou muitas reformas. Ele criou a umma, um novo tipo de comunidade. Para pertencer a uma tribo ou comunidade tradicional, era preciso nascer nela. Por outro lado, qualquer um podia se unir à

O CORÃO E O HADITH

Os seguidores de Maomé decoraram as revelações recebidas por ele. Depois de sua morte, as revelações foram escritas para formar um livro chamado Corão, que significa "recitação". O Corão contém orientações sobre os comportamentos legais e ilegais para muçulmanos, além de histórias sobre os profetas judeus e cristãos que vieram antes de Maomé. Ele explica os deveres religiosos do muçulmano. No primeiro século depois da morte de Maomé, relatos das falas e das ações do profeta foram reunidos em coletâneas chamadas Hadith.

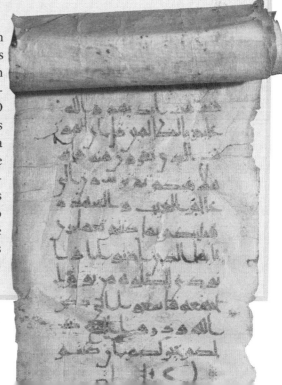

Esse fragmento de pergaminho é do Corão e data do século VIII ou IX.

umma, bastando dizer a chahada, uma profissão de fé ("não há nenhum Deus senão Alá, e Maomé é seu profeta").

Maomé era o líder absoluto da *umma*. Ele declarou que a vida de todos era igual, de modo que ferir um órfão era tão grave quanto ferir um rico. Também tornou a usura ilegal, porque a prática de cobrar juros altos sobre empréstimos afetava mais os pobres do que os ricos. Todos tinham de dar dinheiro para caridade, um dever chamado *zacate*. A quantia dependia do que cada um pudesse dar, e o dinheiro era distribuído entre os pobres. Maomé também deu direitos às mulheres, como permitir-lhes que herdassem propriedades. O Corão diz que os homens devem cuidar das mulheres, mas insiste na igualdade dos sexos aos olhos de Alá:

Alá oferece perdão e grande recompensa
Aos homens que se entregam a Ele, e às mulheres que se entregam a Ele.
Aos homens que creem e às mulheres que creem.
Aos homens que obedecem e às mulheres que obedecem.
Aos homens que falam a verdade e às mulheres que falam a verdade.
Corão 33:35

Os curaixitas consideravam a nova sociedade de Maomé uma ameaça à sua autoridade e estavam decididos a destruí-la. Nos anos seguintes, houve batalhas entre os curaixitas de Meca e os muçulmanos de Medina. Em 630, o profeta conquistou Meca, e o povo aceitou sua fé. Dois anos depois, Maomé morreu. Então a *umma* foi governada consecutivamente por quatro califas (sucessores): Abu-Béquer, Omar, Otman e Ali. Cada um deles foi nomeado

Peregrinos durante as orações noturnas na Mesquita do Profeta, em Medina.

OS CINCO PILARES DO ISLÃ

Desde o começo do islamismo, os muçulmanos seguem essas práticas para ter uma vida boa e responsável:
1. Afirmar a *chahada* ou crença em Deus.
2. Orar cinco vezes por dia. Nas sextas-feiras, os muçulmanos se reúnem na mesquita, local de culto comunitário.
3. Durante o mês muçulmano do Ramadã, jejuar durante as horas diurnas.
4. No fim do Ramadã, dar aos pobres o zacate, a quadragésima parte de sua riqueza.
5. Tentar fazer o hadji (peregrinação) a Meca pelo menos uma vez na vida.

ISLAMISMO 85

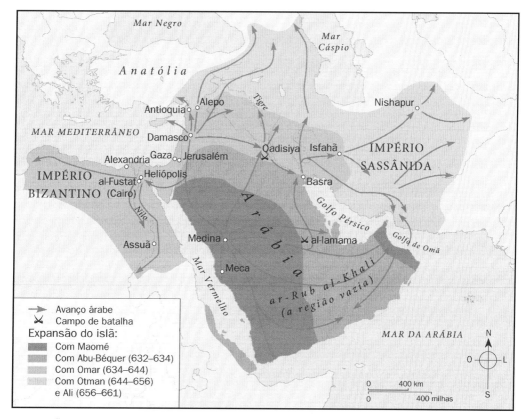

A expansão do Islã com Maomé e com os quatro primeiros califas.

pela comunidade muçulmana. Os califas conquistaram rapidamente novos territórios para criar um império islâmico. Em 644, os muçulmanos controlavam a Arábia, a Síria, a Palestina, o Egito e o antigo Império Persa.

Os omíadas No entanto, houve conflito dentro da umma. Otman (governou de 644 a 656) foi criticado por nomear pessoas de seu clã omíada para cargos importantes. Foi assassinado por soldados muçulmanos que queriam Ali, genro de Maomé, como novo califa. Mas nem todos os muçulmanos aceitaram o governo de Ali. O novo líder omíada, Muawiya ou Moáuia, se opôs a Ali, mas este se recusou a combatê-lo. Isso irritou os carijitas, um grupo rebelde que assassinou Ali em 661. Em seguida, Moáuia se nomeou califa.

Moáuia estabeleceu a dinastia omíada, que durou até 750. Em Damasco, na Síria, sua nova capital, ele governou as terras muçulmanas. No entanto, a luta pelo controle do império islâmico não acabou aí. Moáuia nomeou sucessor seu filho Iázide, mas os muçulmanos ainda leais a Ali acreditavam que Hussein, filho de Ali, deveria ser o califa. Hussein comandou um pequeno bando de partidários para combater Iázide. Em 681, as vastas forças omíadas de Iázide cercaram o grupo de Hussein em Carbala (no Iraque de hoje) e praticamente o massacraram.

De 683 a 685, os omíadas enfrentaram, entre outras, uma rebelião da seita xiita leal a Ali e aos carijitas. Mas Abdel Malique (governou de 685 a 705) assegurou o controle omíada. Ele substituiu o persa pelo

ISLAMISMO

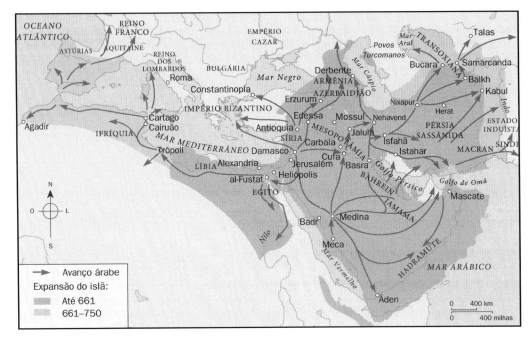

Este mapa mostra a expansão contínua do império islâmico sob os omíadas.

árabe como idioma oficial do império e criou moedas islâmicas.

A mesquita da Cúpula da Rocha, em Jerusalém, foi terminada no governo de Abdel Malique. Primeiro grande monumento islâmico, era um símbolo da confiança na nova religião. No governo de al-Walid ou Ualide I (reinou de 705 a 715), filho de Abdel Malique, o Império Omíada chegou à maior extensão. Exércitos muçulmanos conquistaram territórios além da Península Arábica, como a Pérsia (Irã), o norte da África e parte da Espanha.

Debate Enquanto o Império Islâmico se espalhava, havia debates sobre sua natureza. Havia discordância, por exemplo, quanto à condição dos muçulmanos não árabes. Desde o começo da expansão do império, os conquistadores árabes se mantiveram isolados dos povos dominados e viviam em cidades aquarteladas. Os não árabes convertidos ao islamismo tinham condição inferior. Mas alguns árabes acreditavam que todos os muçulmanos deveriam ser tratados igualmente. Com o tempo, conforme a maioria dos povos conquistados se convertia ao islamismo, os muçulmanos árabes e não árabes começaram a se misturar.

Com o pregador Haçane de Baçorá (642-728), surgiu um movimento para promover a espiritualidade islâmica. Ele defendia uma vida simples e ensinou seus seguidores a meditar sobre o significado íntimo do Corão. Foi o começo do movimento místico do sufismo.

Embora discordasse da vida luxuosa dos omíadas, Haçane não se opunha a seu governo. No entanto, os xiitas defendiam que um membro da família de Maomé deveria reinar. Abu al-Abbas as-Saffah, líder de uma facção xiita, afirmou que descendia do tio do profeta. Ele usou essa suposta ligação familiar para obter apoio, derrotou os omíadas em 750 e proclamou a dinastia abássida.

O CISMA ENTRE SUNITAS E XIITAS

Duas formas distintas se desenvolveram dentro do islamismo. Alguns muçulmanos acreditavam que a liderança deveria permanecer na família do profeta e que Ali deveria ter sido o sucessor de Maomé. Eles passaram a ser chamados de xiitas, forma reduzida de Shiat Ali — "seguidores de Ali". Dois netos de Ali sobreviveram ao massacre de Carbala, e o *imamato* (liderança espiritual) xiita foi transmitido por eles. Hoje, a maioria dos xiitas acredita que houve doze imãs (líderes) e que o último imã voltará para restaurar a justiça na Terra.

No entanto, a maioria dos muçulmanos acreditava que a liderança deveria ser da pessoa mais adequada para o cargo e que Maomé não pretendera iniciar uma linha dinástica de governantes. Por se considerarem os verdadeiros seguidores da Suna — os costumes do Profeta —, eles ficaram conhecidos como sunitas..

A expansão do Islã Em 750, quando os abássidas chegaram ao poder, o império islâmico ia da Índia à Espanha. A base do poder abássida era sua pretensão a serem herdeiros legítimos de Maomé. No entanto, quando tomaram o poder os governantes abássidas abandonaram novamente os princípios muçulmanos para viver no luxo enquanto a maioria dos súditos continuava na pobreza. Na época do califa Harum al-Rashid ou Harune Arraxide (reinou de 764 a 809), o governante vivia isolado de seus súditos, na

A mesquita da Cúpula da Rocha, em Jerusalém, exibe citações do Corão que proclamam a unicidade de Deus. Ela foi construída como santuário sobre uma rocha da qual se acredita que o profeta Maomé subiu aos céus.

corte real de Bagdá. Os xiitas, ao lado de outros grupos muçulmanos com esperanças de retornar à sociedade mais simples da época do profeta, se desiludiam cada vez mais.

Avanços abássidas Sob os abássidas, o império islâmico se tornou uma importante potência econômica. Os governantes incentivaram a indústria e o comércio, e houve avanços tecnológicos, como o desenvolvimento da irrigação e da fabricação de papel. O reinado de Harum Al-Rashid também foi uma época de ouro cultural: as artes plásticas, a gramática árabe, a literatura e a música prosperaram. Criaram-se centros de ensino em todo o mundo muçulmano, no Egito, no Marrocos, na Espanha, na Pérsia e na Mesopotâmia. Os textos clássicos dos antigos filósofos gregos foram traduzidos do grego e do siríaco para o árabe, permitindo que os estudiosos muçulmanos aproveitassem os ensinamentos do passado.

No governo abássida, houve progresso significativo na matemática, na ciência, na astronomia e na medicina. Por exemplo, o matemático al-Karismi (c. 780-c. 850) introduziu na matemática europeia os algarismos arábicos e o conceito de álgebra. O estudioso persa Ibn Sina ou Avicena (980-1037) compilou o *Cânone da medicina*, uma vasta enciclopédia do conhecimento médico.

Xaria No século VIII, começou-se a desenvolver uma legislação islâmica abrangente chamada xaria ("caminho a seguir"). A lei da xaria se baseava no Corão e na Suna. Nos séculos IX e X, os governan-

> ### SUFISMO
> O sufismo, que começou no século VIII, é o aspecto místico do islamismo. Os sufis rejeitam a riqueza mundana e buscam a vida interior e espiritual. Dedicam tempo à contemplação e à oração para se aproximarem mais de Deus. Desde o século XII, o movimento sufi foi organizado em ordens (escolas) encabeçadas por *pires* ou líderes sufis.

Místicos sufis do Paquistão. Os sufis ajudaram a disseminar o islamismo pelo mundo. Tiveram papel importante na educação do povo e na ênfase no aspecto espiritual da religião.

ISLAMISMO

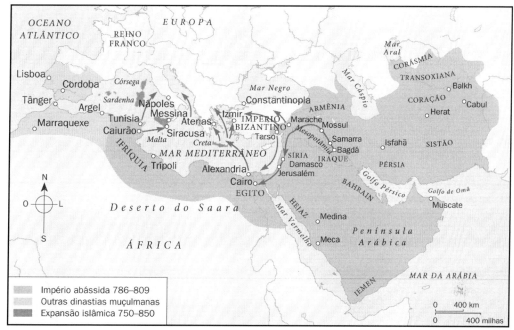

O Império Abássida em 850. Nessa época, existiam várias dinastias islâmicas.

tes muçulmanos incentivaram estudiosos importantes a registrar as leis por escrito. Cinco escolas de Direito receberam o nome dos sábios que as fundaram, quatro sunitas e um xiita. A lei da xaria contém regras para organizar a sociedade, além de orientar o comportamento dos indivíduos entre si e em relação a Deus. Muitos governantes muçulmanos desenvolveram um sistema jurídico adicional para ajudá-los nas necessidades cotidianas do governo, principalmente em questões penais, comerciais e disputas de propriedade.

Um império dividido

Embora a dinastia abássida tenha durado até 1258, no século X seus governantes eram incapazes de comandar todas as terras muçulmanas. Em 945, os buídas da Pérsia assumiram o controle de Bagdá, capital do império, e até 1055 governaram a Pérsia ocidental e a Mesopotâmia. O califa abássida ainda era o chefe simbólico do império, mas suas regiões foram governadas por regimes independentes, como o Califado de Córdoba, na Espanha, e o Império Fatímida, no Egito.

O Califado de Córdoba

Em 711, um exército muçulmano partiu do norte da África, entrou na Espanha e criou um reino islâmico chamado Al-Andalus, no sul e no centro da Península Ibérica. O governo muçulmano da Espanha mudou drasticamente depois do colapso dos omíadas. Em 750, quando assumiram o poder em Bagdá, os abássidas massacraram membros do clã omíada para assegurar o controle. O príncipe omíada Abd ar-Rahman ou Abderramão fugiu e foi para a Espanha. Em 756, ele iniciou ali uma nova dinastia omíada, o Califado de Córdoba.

No século X, Córdoba, capital de Al-Andalus, com ruas limpas e pavimentadas, água corrente e setenta bibliotecas, era uma das cidades mais avançadas do mundo. Sua Grande Mesquita era uma impressionante façanha arquitetônica. Os governantes muçulmanos permitiam que cristãos e judeus praticassem sua religião e trabalhassem e estudassem livremente, com intercâmbio de ideias e ensinamentos entre os estudiosos das várias religiões. Em consequência, Córdoba se tornou um grande centro de cultura e erudição.

Entre os séculos XI e XIII, Al-Andalus foi controlada sequencialmente por duas dinastias muçulmanas do norte da África: os almorávidas (1056-1147) e os almôadas (1130-1269). Nesse período, os governantes cristãos do norte da Espanha lutaram para reconquistar a região. Depois de séculos de luta, os cristãos atingiram sua meta, e o domínio muçulmano terminou em 1492.

Os fatímidas O califado xiita dos fatímidas foi criado na Tunísia, no norte da África, quando Ubayd Allah al-Mahdi ou Abdulá al-Mahdi assumiu o poder, afirmando ser descendente de Fátima, filha de Maomé, e seu marido Ali. Em 972, os fatímidas transferiram a capital para o Cairo, no Egito.

Em seu ponto máximo de meados do século XI, o Império Fatímida dominava o norte da África, o Egito, a Síria, a Palestina e boa parte da Arábia. Mais tarde, caiu em declínio devido ao poder crescente dos turcos seljúcidas.

Os seljúcidas Em 1055, os turcos seljúcidas (dinastia que se converteu ao isla-

> **AVERRÓIS (1126-1198)**
>
> Os textos dos estudiosos muçulmanos espanhóis tiveram grande influência na Europa. Entre os mais influentes estava Averróis (Ibn Rushd), que estudou legislação islâmica, medicina e filosofia. Ele se tornou o cádi-mor (juiz) de Córdoba. Na década de 1150 ou 1160, o califa almôada Abu Iacube Iúçufe lhe pediu uma interpretação correta do filósofo grego Aristóteles. Ele apresentou com clareza o pensamento de Aristóteles, ajudando os leitores a entendê-lo. A obra de Averróis foi influente na Europa e no mundo islâmico séculos depois de sua morte.

Um retrato de Averróis. Havia poucas obras de Aristóteles traduzidas na Europa antes que ele as traduzisse para o latim e possibilitasse mais uma vez o estudo desses importantes textos antigos.

> **JIHAD**
>
> A palavra *jihad* em árabe significa "esforçar-se" ou "lutar". Refere-se a todas as maneiras de servir a Deus. A *jihad* é o esforço que se faz na vida para agir de acordo com os desejos de Deus. Também significa esforçar-se para disseminar o islamismo e defender os muçulmanos de agressões, o que pode envolver guerras.
>
> Perguntaram ao profeta: entre quem luta por ser bravo, ou em honra a uma certa lealdade, ou para se exibir, qual deles luta pela causa de Alá? Ele respondeu: "Quem luta para que a palavra de Alá seja suprema é o único que serve à causa de Alá."
>
> Hadith

mismo nos anos 990) tomaram o poder dos buídas de Bagdá. O califa abássida coroou seu líder como sultão, o novo título usado pelos governantes muçulmanos. Os seljúcidas concordaram em preservar a lei islâmica e defender o Islã de seus inimigos. Sob os seljúcidas, governadores militares locais controlavam cada distrito do império (que incluía grande parte da Ásia central, Pérsia, Mesopotâmia, Síria e Palestina), juntamente com o clero muçulmano, os ulemás, cuja autoridade vinha do Corão. Criaram-se escolas religiosas chamadas madraças em todo o império para oferecer educação formal aos ulemás. O ulemá assumia a responsabilidade do sistema jurídico nos tribunais da xaria, o que lhes dava poder considerável em sua região.

As Cruzadas O compromisso dos seljúcidas de defender o Islã logo foi posto à prova. Em 1071, eles foram atacados perto de Manziquerta (na Turquia de hoje) por um exército do Império Bizantino cristão. Embora saíssem vitoriosos da batalha, no fim do século o Império Seljúcida estava dividido e fraco. Foi nessa época de desunião muçulmana que o papa Urbano II, chefe da Igreja Católica Romana, fez um sermão que inspirou as Cruzadas, uma série de expedições militares europeias para deter o avanço do Islã e recuperar a Terra Santa (Palestina).

As ruínas de Qalat al-Jundi, forte construído por Saladino no deserto do Sinai, no Egito, como proteção das rotas de peregrinação a Meca contra os cruzados.

92 ISLAMISMO

Em 1099, cruzados cristãos da Europa ocidental atacaram Jerusalém. Cidade já sagrada para cristãos e judeus, Jerusalém também era a terceira cidade mais sagrada do mundo islâmico, depois de Meca e Medina. Ali ficava a mesquita da Cúpula da Rocha, local de onde os muçulmanos acreditam que Maomé subiu aos céus. Os cruzados conseguiram conquistar Jerusalém e criaram estados cristãos na Palestina, no Líbano e na Anatólia (parte da Turquia atual).

Em 1171, um general curdo chamado Salah ad-Din ou Saladino derrubou a dinastia fatímida do Egito. De 1174 a 1186, ele uniu os territórios muçulmanos da Síria, do norte da Mesopotâmia e da Palestina sob sua liderança e comandou uma *jihad*, ou luta, contra os cruzados. Saladino recapturou Jerusalém em 1187 e fundou a dinastia dos aiúbidas.

África O Islã não se expandiu apenas por meio da guerra e das conquistas. Os comerciantes muçulmanos ajudaram

> **MANSA MUSA (1307-1332)**
>
> O governante muçulmano mais famoso da África ocidental na Idade Média foi Mansa Musa. rei do Mali. Depois de fazer a peregrinação a Meca em 1324-1325, ele construiu mesquitas, bibliotecas e madraças magníficas em todo o império para incentivar o estudo islâmico. O viajante árabe Ibn Battuta admirou o povo do Mali por aprender o Corão e observou que "eles acorrentam os filhos caso demonstrem qualquer atraso na memorização, e só são libertados quando o sabem de cor".

Mesquita em Djenné, que era uma cidade próspera na época do Império Mali. Vários exemplos de arquitetura islâmica daquele tempo ainda são vistos lá.

ISLAMISMO

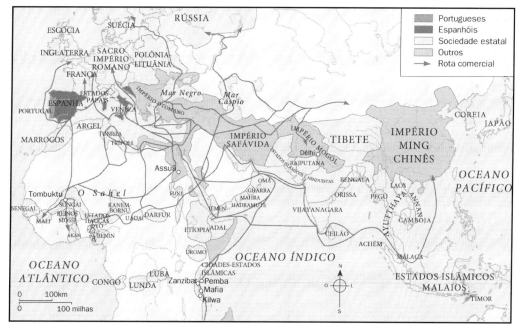

Mapa mostrando os impérios e as rotas comerciais mundiais por volta de 1500.

a disseminar o islamismo em regiões distantes, como a África ocidental e oriental. No século VII, conquistadores árabes chegaram a Assuã, no Egito, e continuaram a avançar para o sul rumo à África oriental. A dinastia funj, no Sudão atual, converteu-se ao islamismo no século XVI. A região ficava perto da Arábia, e a influência árabe era forte. Comerciantes e colonos árabes e persas se misturaram com a população local e criaram a nova cultura suaíli. O idioma suaíli, por exemplo, mistura a língua africana banto com palavras árabes e é escrito com o alfabeto árabe.

Na África ocidental, o avanço do Islã foi quase sempre pacífico e os costumes islâmicos se misturaram às práticas locais. Antes do século VII, já havia vínculos comerciais entre o Magrebe (o Marrocos de hoje) e o Sahel (a área entre o deserto do Saara e as florestas tropicais da Guiné). Em meados dos anos 600, quando o norte da África passou a fazer parte do império islâmico, mercadores levaram consigo as ideias do Islã em suas expedições comerciais para o sul. Muitas famílias reais da África ocidental se converteram voluntariamente à nova religião, que, segundo acreditavam, lhes daria prestígio. Eles fundaram institutos religiosos para melhorar ainda mais sua situação. Tombuctu, no rio Níger, se tornou o centro mais importante da cultura islâmica na África.

Oceano Índico O império islâmico também assumiu o controle das rotas comerciais do Oceano Índico. Em 1500, mercadores muçulmanos comerciavam com a Índia, a China, as ilhas Molucas e mais além, o que provocou o desenvolvimento de comunidades muçulmanas nesses locais. Há indícios de povoamento muçulmano nas ilhas de Pemba, Zanzibar, Mafia e Kilwa entre 1000 e 1150. O viajante árabe Ibn Battuta (c. 1304-c. 1377) também descobriu comunidades muçulmanas no litoral sul da China.

ISLAMISMO

Índia O Islã chegou à Índia em 711, quando os árabes invadiram Sinde (no sudeste do Paquistão de hoje). A conquista do subcontinente indiano começou com os gúridas, dinastia islâmica de origem persa (iraniana) que ocupou o norte da Índia no fim do século XII. Em Délhi, formou-se um sultanato independente que durou de 1206 a 1526.

Entre os primeiros governantes muçulmanos, alguns destruíram templos hinduístas e os substituíram por grandes mesquitas para impor sua autoridade. No entanto, com a dinastia tugluque (1320-1413) estabeleceu-se uma política religiosa tolerante. De 20% a 25% da população do Sultanato de Délhi (que, em meados do século XIV, englobava toda a Índia menos a extremidade sul e o litoral oeste) se converteram ao islamismo, enquanto o resto continuava hinduísta. Os que se converteram combinaram as práticas islâmicas com rituais hinduístas locais; o hinduísmo é uma religião que incorpora facilmente outras práticas religiosas (ver o capítulo 4).

Os mamelucos A partir do ano 900, tornou-se comum que os governantes muçulmanos comprassem escravos para lutar como guerreiros em seus exércitos. Eram os chamados mamelucos. Às vezes, os mamelucos conseguiam ascender na sociedade depois de libertados, e alguns chegaram a se tornar governantes. Foram os soldados mamelucos que deram fim à dinastia aiúbida de Saladino em 1250.

Os mamelucos proclamaram um sultanato próprio, e seu governo durou até 1500, mais ou menos. Com sede no Cairo, eles demonstraram sua devoção ao Islã criando as ordens sufis, abrindo escolas islâmicas e construindo mesquitas ornamentadas. No entanto, a era mameluca

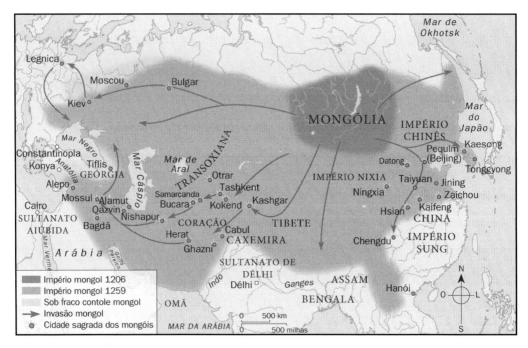

Invasões mongóis no século XIII. O conhecimento mongol das técnicas bélicas mais modernas lhes permitiu destruir em escala imensa.

Dervixes rodopiam no salão de dança de Konya, na Turquia, cidade adotada por Rumi e local de sua morte. A mesquita, o salão de dança e o túmulo dos líderes da ordem sufi atraem peregrinos até hoje.

chegou ao fim em 1517, derrotada pelos otomanos.

Os mongóis Enquanto isso, um novo império surgia na Mongólia. Criado no século XIII pelo implacável líder Gêngis Khan (c. 1162-1227), em 1259 o Império Mongol ia do norte da China, no leste, à Alemanha de hoje, no oeste. Depois da morte de Gêngis Khan, seus descendentes criaram vários Estados mongóis separados que, às vezes, lutavam entre si além de combater outros povos. Em suas primeiras conquistas, os mongóis causaram destruição maciça dos inimigos. Devastaram cidades, matando populações inteiras. Em 1258, eles derrotaram o califado abássida e saquearam Bagdá. Levaram quarenta dias para executar todos os moradores da cidade.

Nos anos que se seguiram, Hülegü, líder de um dos Estados mongóis, se converteu ao islamismo e, no início do século XIV, todos os Estados mongóis ocidentais seguiram

RUMI (1207-1273)

O poeta místico e sufi Jalal ad-Din ar-Rumi viveu durante a devastação das invasões mongóis. Por volta de 1218, Rumi e sua família fugiram da cidade natal de Coração, na Pérsia Oriental (Irã), e foram para Konya, na Anatólia. A experiência de Rumi o levou a iniciar um movimento místico que ajudava o povo a fazer as pazes com o desastre. Depois de sua morte, seus seguidores formaram a ordem sufista Mevlevi. Chamados de Dervixes Rodopiantes, seus membros fazem uma dança giratória para entrar em transe e se unir a Deus. Rumi compôs cerca de trinta mil versos e muitos *rubaï* (um tipo de poesia persa).

Como o sal dissolvido no oceano
Fui engolido pelo mar de Deus,
Além da fé, além da crença,
Além da dúvida, além da certeza.

De repente, em meu peito
Uma estrela brilhou com força;
Todos os sóis do céu
Sumiram na luz daquela estrela.

The Robaiyat of Jalal al-Din ar-Rumi: Select Translations into English Verse, de A. J. Arberry, 1949

ISLAMISMO

Este mapa mostra a ascensão do Império Otomano (1328-1672), o mais extenso império islâmico.

seu exemplo. Os mongóis começaram a reconstruir as cidades que tinham arrasado e se tornaram patrocinadores das artes, das ciências, da matemática e da história.

Tamerlão Em meados do século XIV, os Estados mongóis estavam em declínio. O general mongol Tamerlão (c. 1336-1405) tentou reverter essa mudança do destino. Ele conquistou boa parte da Ásia central, a Mesopotâmia e a Pérsia (Irã), além das cidades de Délhi, na Índia, e Ancara, na Turquia de hoje. Com ele e seus sucessores, Herat, Samarcanda e Bucara (todas na Ásia central) se tornaram cidades magníficas. Tamerlão fez de Samarcanda sua capital. Levou artesãos de todo o império para construir a cidade e convidou estudiosos, artistas e historiadores para morar lá e desenvolvê-la como centro de cultura islâmica. Embora pertencesse à seita sunita, Tamerlão também ofereceu proteção aos xiitas sob seu governo.

Os otomanos Enquanto os estados mongóis declinavam, os otomanos — uma tribo turca — criavam seu império na Anatólia. Em 1400, os otomanos tinham conquistado a Sérvia, a Bulgária e a maior parte do Império Bizantino. Em 1453, o sultão Mehmet, ou Maomé II, governante otomano, capturou a cidade bizantina de Constantinopla, que rebatizou de Istambul. O império continuou a se expandir. Até meados do século XVI, os otomanos conquistaram a maior parte da Hungria e assumiram o controle de vasta área da Europa, da Crimeia ao sul da Grécia. No mesmo século, eles também conquistaram uma grande extensão de terras islâmicas, inclusive a Anatólia ocidental, o norte da Mesopotâmia, a Síria, o Iêmen e a maior parte do norte da África.

O Império Otomano conseguiu se expandir principalmente devido à eficiência de seu exército. Como outros governantes muçulmanos, os otomanos usavam soldados escravos, e os janízaros formavam a tropa de elite. Tirados ainda meninos de famílias cristãs, eles eram convertidos ao islamismo e treinados como soldados. Como estrangeiros cuja posição dependia inteiramente do sultão, os janízaros eram ferozmente leais ao governante.

Os otomanos mantiveram seu império sob firme controle. Dividiram-no em províncias, cada uma delas governada por um *paxá* (general), que respondia diretamente ao sultão. O sultão nomeava *cádis* para administrar o sistema jurídico baseado na lei da xaria, que se tornou o código jurídico oficial para todos os muçulmanos. Os otomanos puseram os ulemás sob seu controle. O ulemá era a liderança religiosa e ajudava o povo a aceitar o governo otomano.

A Mesquita de Suleimã, em Istambul, foi a maior mesquita construída no Império Otomano. Sinan adaptou o projeto da igreja de Hagia Sofia e incluiu grandes espaços abertos onde os muçulmanos pudessem rezar juntos.

Muitos grupos étnicos e religiosos viviam no império: cristãos, árabes, judeus, berberes (nativos do norte da África) e turcos. Embora exercesse forte controle religioso sobre os muçulmanos por meio da lei da xaria, o sultão permitia que outras comunidades seguissem seus costumes

A MESQUITA DE SULEIMÃ

Com o sultão Suleimã, o Magnífico (reinou de 1520 a 1566), a cultura otomana chegou ao ponto mais alto. Ele patrocinou as artes, a história, a medicina e a arquitetura. Um de suas maiores realizações foi a mesquita de Suleimã, em Istambul, construída para rivalizar com a igreja de Hagia Sofia (construída em 537 d.C.). O arquiteto Sinan baseou o projeto geral da mesquita na planta da igreja. Construída na década de 1550, a mesquita tem quatro torres com minaretes. Dentro do complexo havia uma madraça, um hospital, um salão de refeições, um caravançarai (estalagem para viajantes), banhos públicos, hospedarias e lojas.

próprios, e não muçulmanos podiam ocupar cargos elevados dentro do império. No entanto, os otomanos tinham uma atitude diferente perante os povos de fora do império. Eles se viam como defensores do Islã contra seus inimigos. Como muçulmanos sunitas, além dos cristãos do Ocidente eles também combateram os xiitas safávidas do Oriente.

Os safávidas O xá Ismail, fundador do Império Safávida, conquistou Tabriz em 1501 e, nos dez anos seguintes, assumiu o controle do restante da Pérsia (Irã) e das províncias iraquianas de Bagdá e Mossul. Embora a maioria da população fosse sunita, o xá Ismail declarou que o islamismo xiita era a religião do império. Isso o deixou em conflito com os otomanos sunitas. Em 1514, o governante otomano Selim I (1467-1520) derrotou os safávidas na Batalha de Chaldiran e obteve o controle da Anatólia oriental.

No entanto, naquele mesmo século o governante safávida xá Abas I (1571-1629) obteve vitórias significativas contra os otomanos. Ele fortaleceu o islamismo xiita dentro do império trazendo ulemás xiitas de outros países e construindo madraças xiitas. E criou rituais anuais para recordar a morte de Hussein, o neto do profeta, em Carbala. Uma procissão exibiu em lágrimas uma efusão emocionada de pesar, como se tivessem matado Hussein recentemente. O luto de Hussein se tornou fundamental na vida religiosa, e o islamismo xiita assumiu importância na identidade nacional persa.

No reinado do xá Abas, a capital Isfahã se tornou um centro cultural. A arte persa

O pátio e o espelho d'água da Mesquita do Imã (ou do Xá) em Isfahã, no Irã.

ISLAMISMO

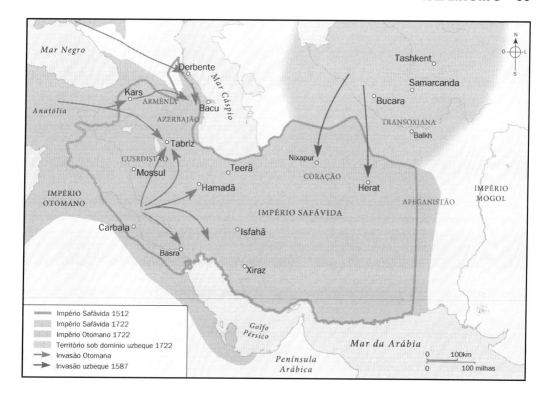

O Império Safávida. O mapa mostra as invasões que enfraqueceram o império.

da pintura de miniaturas floresceu, e a cidade se encheu de parques e palácios ornamentados, além de grandes mesquitas e madraças. Mas, no fim do século XVII, o império entrou em declínio. A partir de 1748, quando o xá Nadir Khan foi assassinado, o governo central desmoronou na Pérsia (o Irã de hoje). Seguiu-se um período de anarquia em que otomanos e russos controlavam o norte e vários chefes tribais competiam pelo poder no sul. No entanto, os ulemás mantiveram a lealdade e a devoção religiosa do povo persa. Em 1779, quando a nova dinastia Qajar assumiu o controle da Pérsia, os ulemás mantiveram a importância de sua posição.

SANTUÁRIOS MUÇULMANOS

Santuários com imagens de santos sempre tiveram papel importante na cultura islâmica da Índia, ao contrário de outros países muçulmanos onde o uso de imagens no culto é desestimulado. Santuários dedicados à memória dos grandes santos sufis foram criados nos túmulos. Vistos como portais para Deus, os frequentadores realizavam neles rituais diários, lavando-os e enfeitando-os.

O santuário no túmulo do santo muçulmano Khajwa Moinudin Chisti, em Ajmer, é um exemplo. Nele há uma mesquita magnífica construída pelo imperador mogol Xá Jeã (ou Shah Jahan). Para os muçulmanos da Índia, depois de Meca e Medina esse é o mais importante lugar sagrado.

100 ISLAMISMO

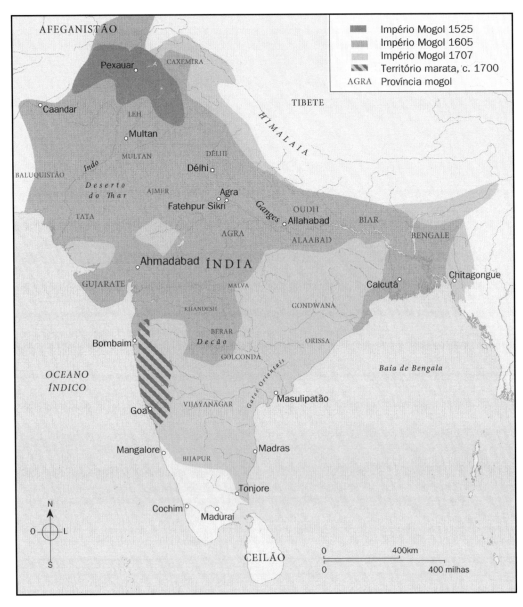

Expansão do Império Mogol pela Índia de 1526 a 1707.

Os mogóis Os imperadores mogóis da Índia eram muçulmanos sunitas. Em 1526, Babur (1483-1530), primeiro imperador mogol, ocupou Délhi e abriu caminho para a conquista do norte da Índia. Seu neto Akbar (1556-1605) estendeu o poder mogol a quase todo o país. Akbar se mostrou tolerante e respeitava todas as religiões. Ele aboliu o tributo que não muçulmanos eram obrigados a pagar, cobrado desde o século VII por governantes muçulmanos em todos os territórios conquistados. Akbar se tornou vegetariano e abandonou a caça para não ofender os hinduístas. Também construiu templos hinduístas e fundou uma casa de culto onde estudiosos de todas as religiões podiam se encontrar e debater.

WALI ALLAH E O MOVIMENTO REFORMISTA

Wali Allah (1702/3-1762), que cresceu durante o declínio mogol, tornou-se um dos líderes do movimento reformista islâmico. Ele acreditava que, para reviver o poder islâmico, os muçulmanos indianos deveriam se unir e fortalecer os vínculos com o resto do mundo muçulmano. Eles não deveriam seguir outras tradições indianas, mas retornar a uma forma mais tradicional de prática islâmica, despida de adaptações indianas como a adoração de santos. A mensagem reformista atraiu muçulmanos cultos, mas teve menos impacto sobre o número maior de muçulmanos mais pobres, que continuaram a cultuar os santuários e realizar animadas festas populares.

As ordens sufis ajudaram a disseminar o islamismo na Índia. Os *pires* (líderes espirituais sufis ou santos vivos) fizeram conversões nos povos tribais e nas castas hinduístas inferiores, destituídas no sistema social indiano. Os pires usavam os idiomas locais para ensinar a mensagem do Islã.

O xá Jeã, neto de Akbar (reinou de 1628 a 1658), aumentou ainda mais o poder mogol. Conhecido pelo esplendor de sua corte e pela paixão de construir, o xá Jeã encomendou o famoso Taj Mahal, monumento à memória de sua esposa Mumtaz Mahal. Ele também construiu o Forte Vermelho, um imenso palácio em Délhi, e, em Agra, a Jama Masjid, uma das mesquitas mais espetaculares do país.

O xá Jeã era relativamente tolerante com o hinduísmo, mas seu filho, o xá Aurangzeb ou Alamgir (reinou de 1658 a 1707), ordenou a destruição de muitos templos hinduístas, voltou a cobrar tributo dos não muçulmanos e impediu os xiitas de realizar as comemorações em memória de Hussein. Ele proibiu o vinho e a música na corte. Essas políticas combinavam com o crescente movimento reformista (ver quadro acima).

A intolerância religiosa de Aurangzeb provocou grandes revoltas contra o regime,

O Taj Mahal, monumento mais conhecido da Índia.

102 ISLAMISMO

e o Império Mogol começou a enfraquecer. Governantes siques e hinduístas conquistaram regiões do norte da Índia. Em 1739, o governante persa Nader Xá invadiu o norte da Índia e saqueou Délhi. Os britânicos, que tinham chegado à Índia como comerciantes, aproveitaram o declínio mogol e começaram a assumir o controle dos estados indianos.

Fraqueza otomana O Império Otomano também começou seu declínio no final do século XVII. Como os outros impérios islâmicos, a economia do Império Otomano se baseava principalmente na agricultura e em antigas relações comerciais, e não havia oportunidade para mais expansão. Por outro lado, a economia das principais potências da Europa cresceu rapidamente entre os séculos XVII e XIX devido à abertura do comércio com as Américas e com a Ásia oriental, sem falar dos avanços tecnológicos que levaram à industrialização em grande escala. No final do século XVII

e no século XVIII, os otomanos perderam território para potências europeias como os Habsburgos, os venezianos, os poloneses e os russos. Aos poucos, o Império Otomano se desfez e acabou desmoronando no início da década de 1920.

O islamismo no mundo Enquanto os impérios safávida, mogol e otomano minguavam, o islamismo prosperava em outras regiões do mundo. A partir de 1500, a religião chegou ao sudeste da Ásia, onde se estabeleceu pelo comércio e não pela conquista. O primeiro Estado muçulmano importante da região foi fundado em 1524 em Achém, no norte de Sumatra. Macáçar e Mataram se tornaram estados muçulmanos no início do século XVII. Como na Índia, os mestres sufis, alguns deles também mercadores, transmitiram os ensinamentos islâmicos de um modo que os hinduístas conseguiam entender. Em consequência, frequentemente os costumes islâmicos se misturaram com as tradições locais do hinduísmo e do animismo.

África ocidental Nos séculos XVIII e XIX, uma série de movimentos de jihad na África ocidental levaram à criação de vários estados islâmicos. Em geral, os líderes desses movimentos eram ulemás que tinham estudado com mestres sufis e pregavam uma versão reformista do islamismo. O líder mais famoso da jihad foi Usman dan Fodio, que, no início do século XIX, criou o sultanato de Sokoto (ver quadro).

Abubakar Sidiq, ex-sultão de Sokoto, governou o Califado de Sokoto de 1938 a 1988. Depois que Sokoto caiu sob o controle britânico, em 1903, o cargo ficou cada vez mais cerimonial, embora o sultão ainda tivesse influência sobre os povos fula e hauçá do norte da Nigéria.

ISLAMISMO 103

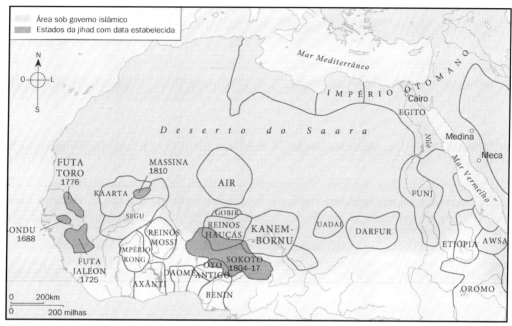

Estados da jihad por volta de 1800 e extensão do islamismo na África Ocidental nessa época.

Nessas sociedades, os movimentos jihadistas atraíam os pobres e descontentes, como os escravos fugidos. Eles também eram apoiados pelos criadores de gado da tribo fula (que vivem na Nigéria de hoje e em outros países africanos ocidentais), insatisfeitos com os tributos cobrados pelos reis locais. Ibrahim Musa, um sábio fula, combateu os governantes locais e, em 1725, criou um estado islâmico chamado Futa Jalom (na Guiné de hoje).

Índia A rápida expansão da economia europeia a partir do século XVIII teve impacto desastroso sobre o mundo islâmico.

USMAN DAN FODIO (1754-1817)

Estudioso e mestre muçulmano, Usman Dan Fodio era do reino hauçá de Gobir (no noroeste da Nigéria). Nas décadas de 1780 e 1790, ele criou fama como líder político e religioso. Obteve apoio dos camponeses hauçás, que acreditavam ser ele o Mandi da tradição xiita (o 12º imã, que voltaria ao mundo para restaurar a justiça). Em 1802, surgiu um conflito entre a comunidade de Dan Fodio e os governantes de Gobir, e ele decidiu fazer uma hégira até Gudu, 48 quilômetros ao norte, onde se tornou imã e criou um califado baseado na justiça social simples da comunidade do profeta em Medina. Pouco depois, Dan Fodio formou um exército e iniciou uma *jihad* contra os governantes hauçás. Em 1808, ele já derrubara a maioria dos reinos hauçás para formar o sultanato de Sokoto, que, nas duas décadas seguintes, se expandiu até incluir a maior parte do norte da Nigéria atual e o norte de Camarões. Depois do sucesso da *jihad*, Dan Fodio se retirou da vida pública.

104 ISLAMISMO

Os países europeus precisavam de novos mercados e conquistaram grandes áreas do mundo muçulmano no norte da África, no Oriente Médio e na Ásia para criar colônias e levá-las para sua rede comercial.

O MOVIMENTO SALAFISTA

Para obter a unidade muçulmana e restaurar a força espiritual do islamismo, Muhammad Abdu acreditava que os muçulmanos deveriam retornar aos princípios de justiça social praticados pelas primeiras comunidades. Mas ele também achava que esses princípios deveriam ser ajustados para se encaixar nos valores democráticos modernos. Todas as fontes da legislação muçulmana, como o Corão e a Suna (costumes do Profeta) deveriam se abrir ao debate de todos os muçulmanos. Deveria ser possível mudar uma lei islâmica de acordo com as necessidades modernas. Ele disse: "Se uma regra se tornou causa de males que não causava antes, então devemos mudá-la de acordo com as condições predominantes [atuais]".

Houve desafios frequentes ao domínio colonial. Em 1857, na Índia controlada pelos britânicos, soldados muçulmanos bengalis do exército britânico explodiram num motim ao descobrir que o exército usava gordura de bois e porcos para untar os cartuchos dos fuzis. (Essa prática era ofensiva para os hinduístas, que consideram as vacas sagradas, e para muçulmanos, para quem os porcos são impuros.) Além da raiva provocada pela política colonial que privava o país de seus recursos naturais, os muçulmanos temiam que sua fé e sua cultura estivessem sob ataque.

Egito No Egito, que caiu sob o controle britânico em 1882, os britânicos assumiram a produção de algodão e construíram portos, ferrovias e o canal de Suez para promover o transporte de mercadorias e administrar a economia. Os tributos cobrados dos habitantes locais subiram drasticamente para financiar esses imensos projetos (embora os europeus que moravam no Egito pagassem pouquíssimos impostos). Houve resistência generalizada a essa política e a outros aspectos do domínio colonial. Os movimentos de reforma islâmica se envolveram na resistência egípcia. Muhammad Abdu (1849-1905)

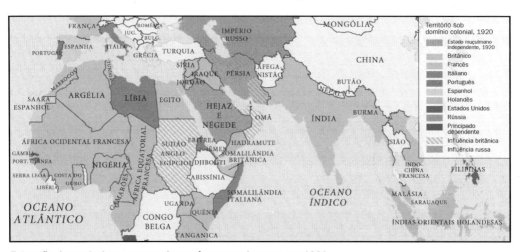

Extensão do controle europeu sobre países muçulmanos em 1920.

Ilustração europeia contemporânea retratando indianos em combate com soldados britânicos durante o Cerco de Lucknow em julho de 1857.

e Jamal al-Din al-Afghani (1838-1897), reformadores influentes, iniciaram o movimento salafista (ver quadro). Como reação ao domínio europeu, eles promoviam a ideia do pan-islamismo: a unidade muçulmana através das fronteiras nacionais.

No início do século XX, surgiu uma nova geração de reformistas muçulmanos, encabeçada pelo egípcio Hassan al-Banna (1906-1949). Em 1928, ele fundou a Sociedade dos Irmãos Muçulmanos (a Irmandade Muçulmana), um movimento islâmico pela justiça social. Al-Banna vira os colonizadores britânicos vivendo no luxo enquanto os trabalhadores egípcios ficavam na pobreza. Para ele, esse era um problema religioso. Portanto, um governo islâmico que controlasse a vida religiosa, econômica, social e cultural do país seria a solução. Al-Banna acreditava que os muçulmanos deveriam fazer uma *jihad* para reformar a sociedade e que o Corão deveria ser interpretado para atender às exigências da vida moderna, inclusive a luta por justiça social.

Além de treinarem seus seguidores na crença muçulmana, os Irmãos também construíram clínicas e hospitais e fundaram fábricas nas quais os operários recebiam um salário justo. A maioria dos membros aceitava que o bem-estar social fazia parte fundamental da disseminação do modo de vida islâmico; uma minoria tentou atingir suas metas por meio do terrorismo. As ideias da Irmandade Muçulmana se espalharam pelo Oriente Médio.

> Hassan al-Banna explicou a missão da Irmandade Muçulmana num documento intitulado "Entre ontem e hoje":
>
> *Irmãos, recordai que mais de 60% dos egípcios vivem em nível sub-humano, que só obtêm o suficiente para comer com a mais árdua labuta, e que o Egito está ameaçado por fomes assassinas e exposto a muitos problemas econômicos, dos quais só Alá conhece o resultado. Recordai também que há mais de 320 empresas estrangeiras no Egito, monopolizando todos os serviços públicos e todas as instituições importantes em todas as partes do país. [...] Entre vossas metas estão trabalhar pela reforma da educação; combater a pobreza, a ignorância, a doença e o crime; e criar uma sociedade exemplar que mereça ser associada à Lei Sagrada Islâmica.*

106 ISLAMISMO

Muçulmanos sob domínio francês O colonialismo francês diferiu do britânico desde que os franceses foram incentivados a se instalar nas colônias de seu país. Depois de conquistar a Argélia, o Marrocos e a Tunísia no século XIX, a França distribuiu terras entre colonos franceses e europeus. Em 1940, os colonos ocupavam 35% a 40% da terra arável da Argélia. Os franceses também tinham uma política de assimilação, pela qual as colônias deveriam adotar a cultura francesa. Sob seu domínio, a cultura muçulmana foi devidamente suprimida e as universidades islâmicas tradicionais foram fechadas ou tiveram seus recursos confiscados. Nas décadas de 1920 e 1930, reformadores islâmicos da Argélia se uniram aos nacionalistas para lutar pela independência da França, conquistada em 1962.

Arábia Saudita Ao contrário de muitos outros países muçulmanos, a Arábia não foi colonizada. Em meados do século XVIII, um príncipe árabe chamado Muhamad Ibn Saud se aliou a Muhamad al-Wahab, reformador muçulmano extremista. Depois de conquistar Meca e Medina, eles queimaram todos os livros, menos o Corão. Também proibiram música e flores nas cidades sagradas e o uso de fumo e café. Os homens foram forçados a deixar a barba crescer, e as mulheres tiveram de usar véu e se manter separadas dos homens. Mais tarde, as ideias religiosas de Al-Wahab ficaram conhecidas no Ocidente como vaabismo e fundamentalismo islâmico.

No início dos anos 1900, um dos descendentes de Ibn Saud conquistou todas as terras da Arábia. Em 1932, ele proclamou a criação do reino da Arábia Saudita e se tornou o rei Abd al-Aziz Ibn Saud. Os sauditas afirmavam ser herdeiros do islamismo puro. Declararam que governariam do mesmo modo que os muçulmanos do século VII, seguindo o Corão. Punições medievais, como o corte da mão de um ladrão, passaram a fazer parte da legislação saudita. Mas algumas dessas leis, como a proibição do álcool e do jogo, na verdade não existiam na época do profeta.

Meninos argelinos engraxam as botas de soldados franceses em 1960. A França concedeu independência ao Marrocos e à Tunísia em 1956, mas os argelinos ainda lutavam para se libertar do domínio colonial.

Quase um milhão de peregrinos se voltam para a Caaba nas orações do pôr do sol na Grande Mesquita de Meca.

A maioria das organizações muçulmanas discordou dessa interpretação do islamismo, inclusive a Irmandade Muçulmana. Eles também acreditavam que a vida de luxo dos governantes da Arábia Saudita, enquanto a maioria da população ficava na pobreza, ia contra os valores corânicos. Mesmo assim, a Arábia Saudita continuava importante para os muçulmanos do mundo inteiro como terra natal do Islã e seu lar espiritual. Os peregrinos iam em grande número visitar os locais sagrados para cumprir o hadji, o quinto pilar do islamismo.

Outro ponto de conflito entre muçulmanos tem sido a forte ligação da Arábia Saudita com os países ocidentais, principalmente os EUA. Descobriu-se petróleo no reino na década de 1930, e a American Standard Oil Company ajudou a fundar uma nova empresa para capacitar os sauditas a extraí-lo. O controle da indústria petrolífera fez dos EUA o país estrangeiro mais influente na Arábia Saudita, mas muitos muçulmanos não gostaram de ver um país islâmico com vínculos tão fortes com o Ocidente.

Independência e islamismo A maioria das colônias com grande população

O HADJI

O *hadji* ou peregrinação a Meca é realizado há séculos na Arábia. Desde a época de Maomé, os rituais da peregrinação se ligaram aos fatos de sua vida, assim como a feitos anteriores descritos na Bíblia. O propósito do hadji é interromper todas as atividades mundanas por algum tempo e se concentrar apenas em Deus. A peregrinação envolve vários rituais, como dar sete voltas em torno da Caaba, em Meca, e beijar a Pedra Negra na parede da Caaba. Os peregrinos também têm de ir e vir sete vezes entre as colinas de Safa e Marwa em memória de Agar (esposa do profeta Ibraim) e sua busca de água para o filho Ismael, antepassado dos árabes. Eles visitam a planície de Arafat, onde Maomé fez seu sermão final. No último dia, há um banquete para recordar que Ibraim estava disposto a sacrificar seu filho a Deus.

108 ISLAMISMO

> ### EXTREMISMO NA ÍNDIA
> Organizações hinduístas extremistas como o Bharatiya Janata Party (BJP) querem dar fim ao governo secular (não religioso) na Índia e estabelecer o hinduísmo como religião oficial do país. Em 1992, hinduístas militantes atacaram a mesquita de Ayodhya, no norte do país, e a destruíram, gritando "O Hindustão [subcontinente indiano] é para hinduístas" e "Morte aos muçulmanos". A destruição da mesquita provocou a mais terrível violência entre hinduístas e muçulmanos desde a Partição. Num ciclo de ataques vingativos, os muçulmanos atacaram templos e os hinduístas saquearam mesquitas. Cerca de duas mil pessoas perderam a vida nos tumultos. Em certos locais, houve ataques mais recentes de grupos de extremistas islâmicos a hinduístas. Por exemplo, em 2002 um grupo de muçulmanos atacou um trem que levava peregrinos hinduístas..

ra criar países modernos em estilo ocidental. Mas, quando o governo não conseguiu elevar o padrão de vida, o povo se desiludiu com essas tentativas. Muitos muçulmanos se tornaram partidários do comunismo praticado na União Soviética. Outros recorreram à fé em busca de uma solução, e uma pequena minoria entrou para movimentos islâmicos radicais.

Índia Em 1947, quando conquistou sua independência da Grã-Bretanha, a Índia decidiu por uma partição: a maior parte da população era hinduísta, enquanto o novo estado do Paquistão (dividido em Oriental e Ocidental) era principalmente muçulmano. Assim que se conheceram as novas fronteiras desses países, cerca de dez milhões de pessoas fugiram de casa e foram para onde muçulmana obteve a independência do domínio europeu depois da Segunda Guerra Mundial. Em alguns casos, como a Índia e a Palestina, a descolonização aumentou as divisões entre grupos religiosos e provocou derramamento de sangue. Alguns países muçulmanos, como o Egito, tentaram separar a religião do Estado pa-

Índia, 1992: moradores de Ayodhya vasculham os escombros da mesquita destruída por extremistas hinduístas.

esperavam viver em segurança. Os muçulmanos da Índia correram para o Paquistão, enquanto hinduístas e siques fugiram no sentido oposto. Centenas de milhares foram assassinados em ferozes massacres religiosos. As tensões entre a Índia e o Paquistão existem até hoje. Os dois países disputam o território da Caxemira, dividido durante a Partição. A Índia e o Paquistão travaram duas guerras pela Caxemira, em 1947-48 e em 1965. Outra guerra em 1971 fez com que o Paquistão Oriental se tornasse um país separado, Bangladesh.

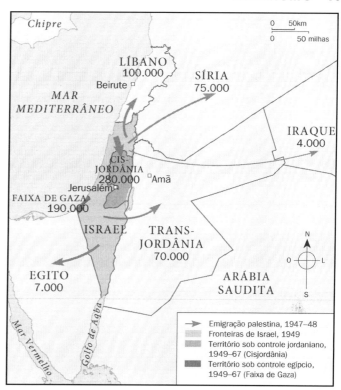

Este mapa mostra a dispersão dos palestinos para as terras vizinhas durante o conflito de 1947-48. A maioria continua refugiada até hoje.

LOCAIS SAGRADOS EM JERUSALÉM

Na cidade de Jerusalém, sob total controle israelense desde a guerra árabe-israelense de 1967, há locais sagrados para o judaísmo, o islamismo e o cristianismo. O local judaico mais importante é o Muro das Lamentações, no Monte do Templo, considerado o que resta do Segundo Templo judeu, destruído em 70 d.C. O Monte do Templo, em árabe Haram al-Sharif, também tem dois santuários muçulmanos importantes: a Cúpula da Rocha e a mesquita de Al-Aqsa. Para os cristãos, a Igreja do Santo Sepulcro marca o lugar onde Jesus foi morto e é um destino de peregrinações importante desde o século IV.

O conflito árabe-israelense Assim como na Índia, a raiz do conflito entre os árabes preponderantemente muçulmanos e os judeus israelenses vem da época colonial. Veja um relato do conflito, a criação do estado de Israel e a dispersão de centenas de milhares de palestinos para sua localização atual na Cisjordânia e na Faixa de Gaza nas páginas 32 a 35. Os refugiados palestinos nunca abandonaram a luta política para recuperar sua pátria. Uma minoria recorreu a ataques violentos aos quais Israel reagiu com força armada. O conflito continua até hoje.

Radicais islâmicos Desde a Segunda Guerra Mundial, alguns movimentos islâmicos de países muçulmanos reivindicam a volta dos princípios islâmicos que consideram fundamentais e de um governo baseado na lei da xaria. A maioria se dispõe a trabalhar sob os governos existentes, abrindo mesquitas e entidades de bem-estar social para mostrar que o islamismo pode atuar a favor do povo. No entanto, uma minoria dos movimentos islâmicos radicais, como no Egito e na Argélia, afirmaram que seus países não são verdadeiramente islâmicos e usaram a violência para tentar tomar o poder.

Esses movimentos islamistas se inspiraram nas ideias do escritor egípcio Sayyid Qutb (1906-1966), integrante da Irmandade Muçulmana. Em 1952, Gamal Abdel Nasser tomou o poder no Egito e criou um governo secular. Ele perseguiu a Irmandade Muçulmana e prendeu Qutb em 1956 por ser membro da organização. Qutb argumentou que, embora Nasser afirmasse ser muçulmano, o país não era governado com base islâmica e estava na "barbárie", como a Arábia pré-islâmica. Portanto, os muçulmanos tinham o dever de derrubar o governo.

Qutb conclamou os muçulmanos a adotarem Maomé como modelo. Deviam se separar da sociedade dominante e se dedicar à *jihad* violenta. (Na verdade, o profeta Maomé pregou uma mensagem de tolerância e se opôs ao uso da força em questões religiosas.) As ideias de Qutb influenciaram todos os movimentos islamistas sunitas.

Irã Em alguns países, os movimentos islamistas conseguiram tomar o poder. No Irã, o xá Muhammad Reza Pahlevi (governou de 1949 a 1979) modernizou o país economicamente, mas proibiu partidos políticos, e sua polícia secreta esmagava qualquer oposição. O xá foi derrubado numa revolução popular em 1978-79, e um líder religioso, o aiatolá Khomeini, assumiu o poder. Khomeini criou um governo islâmico baseado nas tradições xiitas do país, que tinham permanecido fortes sob a influência dos ulemás. Mas, num afastamento da doutrina xiita tradicional, Khomeini declarou que ele seria a autoridade religiosa e política absoluta do Irã. Impôs-se um código

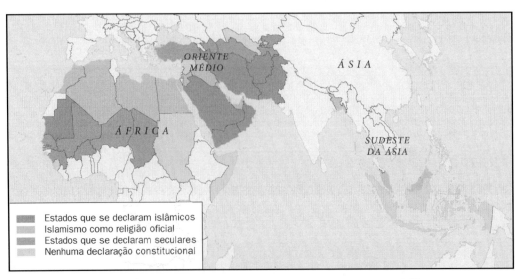

Os países tradicionalmente muçulmanos do mundo e seu relacionamento com o Islã.

islâmico estrito de vestimenta e comportamento: as mulheres tinham de usar véus, bebidas alcoólicas e música ocidental foram proibidas e adotaram-se punições islâmicas. Khomeini prendeu ou matou quem se opôs a ele.

Problemas mundiais Os muçulmanos também foram afetados por conflitos em países não muçulmanos. Na década de 1990 e no começo da de 2000, os muçulmanos do mundo inteiro se preocuparam com o sofrimento de seus irmãos de fé no massacre de muçulmanos na guerra da Bósnia, de 1992 a 1995, na luta da Tchetchênia predominantemente muçulmana pela independência da Rússia e no fracasso dos palestinos em obter um Estado independente. A

AFEGANISTÃO

Em 1979, a União Soviética invadiu o Afeganistão muçulmano em apoio a um governo comunista impopular que assumira o poder. Combatentes muçulmanos chamados de *mujahedim* iniciaram uma *jihad* contra o governo e as forças soviéticas. Os mujahedim expulsaram os soldados soviéticos do Afeganistão em 1989. Depois de vários anos de guerra civil, em 1996 o Talibã, um grupo islamista extremado, tomou o poder no país. Sob o Talibã, as meninas não puderam mais ir à escola e as mulheres foram proibidas de trabalhar fora. Punições duras foram impostas aos crimes, como a amputação da mão em caso de furto. Todos os tipos de música e esporte foram banidos, assim como a televisão.

guerra dos EUA contra o Iraque em 2003 e a subsequente ocupação do país inflamou ainda mais os sentimentos muçulmanos.

Muitos tentaram ajudar seus companheiros muçulmanos, divulgando informações sobre os problemas e apoiando entidades islâmicas de caridade

O aiatolá Khomeini saúda a multidão em Qom, no Irã, em dezembro de 1979. Naquele mesmo mês, o povo votou pela criação de uma república islâmica.

que trabalhavam nas regiões dilaceradas pela guerra. Uma minoria minúscula de muçulmanos recorreu a métodos extremos. Um movimento islamista radical chamado al-Qaeda surgiu na década de 1990 como resposta à Guerra do Golfo comandada pelos EUA contra o Iraque, em 1991. O líder espiritual do movimento era Osama bin Laden. Os que se identificavam com a al-Qaeda se ressentiam da intervenção ocidental em países muçulmanos e se dispunham a combater os interesses ocidentais com atos de terrorismo. Os ataques terroristas mais fatais ocorreram em 11 de setembro de 2001, em Nova York e Washington, nos EUA, nos quais morreram cerca de três mil pessoas. Outras atrocidades ocorreram, como a morte de 202 pessoas em Bali, na Indonésia, em 2002, e atentados a bomba na Índia, na Rússia, na Arábia Saudita, no Marrocos, na Turquia, no Egito, na Espanha, na França e no Reino Unido.

Um novo extremismo Em 2014, um movimento islamista sunita que se autodenomina Estado Islâmico (EI) aproveitou a instabilidade política do Iraque e o caos da guerra civil na Síria para ocupar grandes áreas dos dois países e declarar um novo estado, um califado moderno. As táticas violentas do EI, com matanças, sequestros e a decapitação gravada em vídeo de soldados e jornalistas, provocaram horror no mundo inteiro. Uma coalizão internacional encabeçada pelos EUA começou a lançar ataques ao EI.

Mas o Estado Islâmico continua a atrair para sua causa uma pequena minoria de jovens muçulmanos radicalizados, muitos dos quais partiram da Europa para se unir aos combatentes. Os grupos islamistas guerreiros do Egito, da Líbia, da Tunísia e do Paquistão declararam lealdade ao EI. E, no norte da Nigéria, um grupo islamista chamado Boko Haram começou a ocupar território em 2014, com a meta de criar seu próprio Estado islâmico. Seu líder Abubakar Shekau declarou o califado e prometeu lealdade ao EI. Estados da África ocidental formaram uma coalizão militar

Este mapa mostra a distribuição dos muçulmanos no mundo de hoje.

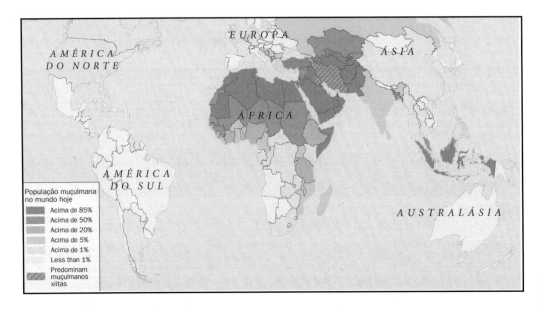

A PRIMAVERA ÁRABE

Os movimentos islamistas foram contidos por regimes repressores até 2011, quando uma onda de levantes conhecida como Primavera Árabe explodiu em todo o mundo árabe. Nos países que conseguiram derrubar seus líderes — Tunísia, Egito e Líbia —, os grupos islamistas conseguiram exercer poder político real. Nas pesquisas, o povo parecia apoiar partidos com valores islâmicos conservadores, embora não quisesse, necessariamente, viver numa teocracia nem num califado. Em 2012, mais de cinquenta partidos ou movimentos islamistas mobilizaram milhões de partidários para combater as eleições em países árabes. A maioria desses partidos renunciava ao terrorismo, com exceção do Hezbolá, do Líbano, e do grupo palestino Hamas.

No Egito, na Tunísia e no Marrocos, os islamistas formaram governos. O Partido Desenvolvimento e Justiça do Marrocos seguiu o exemplo do partido islamista turco moderado de mesmo nome e prosperou. Mas, no caso do Partido Liberdade e Justiça do Egito (nascido da Irmandade Muçulmana) e do Ennahda da Tunísia, a experiência de décadas como movimentos de protesto não os preparou para a realidade do governo. O PLJ logo excluiu opiniões seculares e moderadas; o Ennahda não conseguiu melhorar a economia; em 2014, ambos caíram do poder.

para combater o Boko Haram, e, em março de 2015, o grupo islamista tinha perdido todas as cidades sob seu controle.

O islamismo hoje Devido à minoria de muçulmanos que cometem atos de terrorismo, muçulmanos em geral são vistos com desconfiança crescente em muitos países ocidentais. Vários não muçulmanos veem a fé islâmica como intolerante e violenta. No entanto, a maioria dos muçulmanos condena o terrorismo e busca uma solução pacífica para os conflitos. O islamismo teve influência significativa na história dos últimos mil e quatrocentos anos. Depois de criado no século VII por um único homem no deserto árabe, hoje ele é uma religião próspera, com 1,3 bilhão de seguidores em duzentos países. É claro que o islamismo continuará a ser uma religião de grande importância no século XXI.

Egípcios protestam contra o presidente Morsi em Sidi Gaber, Alexandria, em 30 de junho de 2013

CAPÍTULO 4

HINDUÍSMO

O HINDUÍSMO talvez seja a religião mais antiga ainda viva no mundo de hoje. É difícil dizer exatamente como começou. Ao contrário das outras, não tem fundador, escrituras nem ensinamentos com os quais todos concordem. Em sua longa história, houve muitos líderes que ensinaram filosofias diferentes e escreveram milhares de livros sagrados. Portanto, o hinduísmo é chamado de "família de religiões" ou "modo de vida". Suas raízes estão na Índia antiga, há mais de quatro mil anos. Hoje, contudo, grande número de hinduístas vive fora da Índia. Muitos sequer têm ascendência indiana, mas adotaram os ensinamentos e a prática da religião. Portanto, embora esteja ligado à Índia, o hinduísmo também tem muitos seguidores em outras partes do mundo.

116 HINDUÍSMO

Antiga sabedoria indiana Muitos hinduístas dizem que sua tradição deriva de textos sagrados chamados Vedas. Veda é uma antiga palavra sânscrita que significa "conhecimento". O hinduísmo não limita sua ideia de verdade a uma única fé ou credo e incentiva a flexibilidade de pensamento. Para os hinduístas, ser uma boa pessoa é mais importante do que aquilo em que se acredita. Apesar disso, a maioria dos hinduístas tem algumas crenças básicas comuns, como a existência de uma alma eterna que reencarna continuamente.

A princípio, esses antigos ensinamentos foram transmitidos boca a boca. De acordo com a tradição, foram escritos pela primeira vez uns cinco mil anos atrás, embora muitos estudiosos acreditem que os textos sejam bem mais novos e datem o primeiro livro, o *Rig Veda*, do ano 1000 a.C.

A religião eterna A palavra hinduísmo não se encontra nos Vedas. Em vez dela, eles discutem o darma, que costuma ser traduzido como "dever religioso". Mais exatamente, a palavra significa "deveres que nos sustentam de acordo com quem somos". Há dois tipos principais de darma:

1. *Sanatana darma*: ações baseadas na relação eterna entre a *atma* (alma) e Deus.
2. *Varnashrama darma*: deveres de acordo com o corpo específico que temos, determinado de acordo com quatro *varnas* (classes sociais) e quatro *ashramas* (estágios da vida).

Muitos hinduístas preferem chamar sua tradição de *Sanatana darma* — a religião eterna.

A criação do mundo material Os livros hinduístas como o Rig Veda descrevem um mundo eterno feito de brâman (espírito) Eles também discutem a criação e a destruição repetidas desse mundo material. Mesmo depois de destruído, o universo presente é recriado como parte de um ciclo duradouro.

De acordo com os Vedas, a Terra é apenas um dos muitos planetas, que existem em lugares e dimensões diferentes. Embora a Índia seja apenas um lugar no planeta Terra, os hinduístas a consideram especial, uma terra sagrada onde viveram muitos santos e avatares (encarnações de Deus).

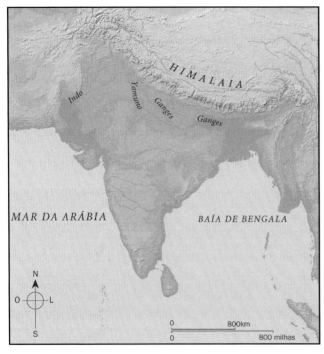

Características geográficas da península ou subcontinente indiano. Limitada ao norte pelo Himalaia, a oeste pelo Mar da Arábia e a leste pela Baía de Bengala, a Índia é mais vulnerável a ataques pela fronteira noroeste.

HINDUÍSMO

Relatos tradicionais da história

A antiga história do hinduísmo é complexa, com muitas descrições diferentes. Há três razões principais para isso. Em primeiro lugar, o hinduísmo não é uma religião única e inclui muitos ramos distintos. Em segundo lugar, há diferenças de opinião entre os hinduístas e os pesquisadores ocidentais. Em terceiro lugar, o hinduísmo não tem ponto de partida definitivo. A religião tem pelo menos quatro ou cinco mil anos, mas pode ser muito mais antiga. Para estudá-lo a fundo, é importante entender o conceito de tempo e a longa história do hinduísmo.

Os hinduístas acreditam que, desde a criação deste universo, o tempo passa por ciclos de quatro eras — ouro, prata, cobre e ferro — que se repetem continuamente como as quatro estações. Na era do ouro, os seres humanos eram virtuosos e religiosos, mas essas boas qualidades diminuíram nas eras de prata e cobre até a atual era materialista, chamada de *Kali Yuga*, a era do ferro, ou, literalmente, a "era da briga".

Há dois grandes poemas épicos hinduístas que, pode-se dizer, lançam alguma luz sobre a história indiana, embora alguns os considerem ficcionais e não históricos. O primeiro, o *Ramaiana*, conta a famosa história de Rama e Sita, que pode ter acontecido na era de prata. O segundo é o *Maabárata*, que significa "A história da grande Índia".

> ### ORAÇÃO DO RIG VEDA
> *Om. Oh, Senhor, os universos passado, presente e futuro são a demonstração de seus poderes, mas o Senhor é ainda maior. A criação material é apenas um quarto do cosmo inteiro. O eterno céu espiritual é muito maior e forma os outros três quartos.*
>
> Rig Veda, capítulo 10, hino 190

Os mundos espiritual e material. Os hindus acreditam que o reino espiritual é eterno. Para eles, até este mundo material dura para sempre, num ciclo interminável de criação, destruição e recriação.

118 HINDUÍSMO

Maabárata Esse poema épico conta a história de cinco príncipes, os Pandavas, no finzinho da última era (a de cobre). Eles eram filhos do rei Pandu e descendiam do rei Bharat, que deu nome à Índia. (O nome tradicional da Índia é "Bharatavarsha", que significa "a terra de Bharat", geralmente resumido como "Bharata".) Os Kauravas, primos dos Pandavas, tentaram usurpar o trono do vasto Império Indiano. Depois de muita intriga e pedidos de acordo pacífico, os Kauravas se recusaram a abrir mão da terra que tinham ocupado ilegalmente. Para apoiar os Pandavas ou se opor a eles, reis de todo o mundo conhecido se prepararam para a batalha na planície de Kurukshetra, ao norte da Nova Délhi de hoje.

Pouco antes da grande batalha, o Senhor Krishna, uma das mais importantes divindades hinduístas, recitou o *Bhagavad Gita* (hoje um texto hinduísta fundamental) para Arjuna, um dos cinco Pandavas. Embora grande guerreiro, Arjuna estava deprimido com a ideia de lutar contra os próprios primos. Krishna lhe explicou todos os conceitos védicos importantes, começando com a ideia de que o eu verdadeiro (*atma*) não é o corpo. Depois de ouvir as palavras do *Bhagavad Gita*, Arjuna recuperou a compostura e resolveu lutar. Ele e seus irmãos saíram vitoriosos e garantiram para si o trono do Império Indiano. Trinta e seis anos depois, Krishna partiu do mundo, marcando o início da era atual.

A teoria da invasão ariana Quando chegaram à Índia, os europeus mal conheciam a origem do hinduísmo. Como encontraram poucos registros históricos, estudaram relatos religiosos da história, mas os consideraram mitológicos e, portanto, pouco confiáveis. No entanto, eles observaram que as escrituras hinduístas falavam de "arianos". A palavra sânscrita aryan significa literalmente "povo nobre", mas os acadêmicos sugeriram que se tratava de uma raça distinta. Max Muller, acadêmico alemão e filólogo de sânscrito, sugeriu que os arianos tinham vindo de fora da Índia, do Ocidente, levando consigo

Krishna e Arjuna sopram suas conchas antes da grande Batalha de Kurukshetra. Trinta e seis anos depois, a partida de Krishna do mundo marcou o começo da era atual, a Kali Yuga (era de ferro).

Ruínas de Mohenjo-daro, no Paquistão de hoje. Este sítio e o de Harapa foram escavados na década de 1920.

PRINCIPAIS IDEIAS HINDUÍSTAS NO BHAGAVAD GITA

atma — o eu real e eterno, que não é a mente nem o corpo.

Brâman — espírito eterno, diferente da matéria temporária (*prakriti*).

samsara — ciclo de nascimento e morte, repetido com a reencarnação.

carma — lei de ação e reação; boas ações trazem uma próxima vida boa e vice-versa.

Deus — percebido em três lugares: em toda parte (como alma do mundo); no coração (nos seres humanos, como consciência); e além do mundo (como Ser Supremo).

a antiga língua sânscrita e o início do hinduísmo que conhecemos hoje.

No entanto, pouco se sabia sobre o povo ariano. Então, na década de 1920, arqueólogos desenterraram os restos de Mohenjo-daro e Harapa, duas cidades muradas no vale do rio Indo (ambas no Paquistão de hoje). Há indícios de planejamento urbano detalhado, com ruas ordenadas e sistemas de drenagem sofisticados. A maioria das casas de Mohenjo-daro tinha pequenos banheiros e há indícios de um grande tanque ou banheira cercado por uma varanda. Nas duas cidades havia uma cidadela onde, aparentemente, se realizavam cerimônias religiosas.

Os habitantes chegaram a desenvolver o que parece uma forma de escrita, mostrada em vários selos encontrados em ambos os sítios. Um deles retrata uma figura que lembra o Senhor Shiva, hoje uma importante divindade hinduísta. Até agora, os especialistas não conseguiram decifrar essa escrita.

Essa civilização do vale do Indo chegou ao ponto máximo entre 2600 e 1900 a.C. e é anterior à invasão ariana, que, segundo estimam os historiadores, teria começado por volta de 1800 a.C. Portanto, a descoberta questionou a teoria de que os arianos eram a raça mais avançada de seu tempo.

Revisão das teorias Em vez de abandonar a teoria original da invasão, os estudiosos a revisaram e propuseram que os invasores arianos de pele clara conquistaram

HINDUÍSMO

Este mapa mostra sítios de escavação no vale dos rios Indo e Sarasvati. Não se conhece o curso do lendário rio Sarasvati, mas ele pode corresponder ao rio Ghaggar-Hakra (mostrado acima).

e destruíram as cidades da civilização muito mais antiga do vale do Indo. Em seguida, as crenças e práticas arianas se fundiram às dos povos locais, inclusive os dravidianos de pele escura do sul, dando origem ao que hoje chamamos de hinduísmo. Achados arqueológicos mais recentes indicam que a civilização do rio Indo era mais disseminada do que se imaginou a princípio e dão sustentação à possibilidade de que o lendário rio Sarasvati (hoje seco) realmente tenha

PALAVRAS EUROPEIAS VINDAS DO SÂNSCRITO

Especialistas observaram que muitas palavras europeias parecem vir do sânscrito. Alguns acham que o sânscrito e as línguas europeias vieram de um idioma indo-europeu comum. As seguintes palavras sânscritas são semelhantes a palavras inglesas e europeias: *mata* — mother (mãe); *pita* (pai) — paterno; *duhita* — daughter (filha); *Agni* (deus do fogo) — ignição; *sama* — same (mesmo); *sarpa* — serpente.

existido. Portanto, se o rio não era um mito, talvez as descrições hinduístas tradicionais da história pudessem ser levadas mais a sério. Os textos hinduístas não mencionam nenhuma invasão ariana. Embora hoje os especialistas estudem a possibilidade de que o hinduísmo tenha se desenvolvido dentro da Índia e não fora dela, é improvável que alguém consiga determinar sua origem de forma conclusiva.

Literatura védica Os ensinamentos hinduístas foram transmitidos primeiramente boca a boca e, depois, escritos. A tradição diz que um sábio chamado Vyasa registrou a marcação do tempo em folhas de palmeira há cerca de cinco mil anos. Os estudiosos afirmam que os primeiros livros, os quatro Vedas, foram compostos mais recentemente, por volta de 1000 a.C. O período de 1500 a 500 a.C. é chamado de "era védica". Os Vedas continham hinos e cânticos para uso em rituais, além de seções sobre filosofia. Os quatro Vedas são:

- o *Rig Veda* — hinos a várias divindades
- o *Yajur Veda* — manual para sacerdotes usarem durante os *yajna* (sacrifícios)
- o *Sama Veda* — cânticos e melodias
- o *Artharva Veda* — hinos e mantras adicionais

Um havan, frequentado principalmente por membros dos varnas (classes sociais) de nobres e sacerdotes.

Além dos quatro Vedas, a literatura védica também inclui centenas de textos posteriores baseados neles. Esses textos pertencem a duas categorias gerais: os *shruti* ("o que é ouvido", os textos mais importantes do hinduísmo, considerados sem autor) e os *smriti* ("o que é lembrado", textos atribuídos a autores).

O período védico As principais divindades do período védico estavam ligadas à natureza, talvez porque os Vedas enfatizassem a necessidade de viver em harmonia com os ritmos da natureza, chamados rita. A divindade principal era Indra, o deus da chuva, também chamado de "rei dos céus". Agni também era importante, porque presidia o fogo sagrado no qual eram feitas todas as oferendas.

OS PRINCIPAIS TEXTOS VÉDICOS

shruti — "o que é ouvido"
- Os Vedas (orações e filosofia)
- Os *Upanishades* (filosofia)

smriti — "o que é lembrado"
- O *Vedanta Sutra* (aforismos)
- Os *Puranas* (contos e histórias)
- Os épicos: (1) O Ramaiana
             (2) O Maabárata
- O *Bhagavad Gita* (filosofia)
- O *Darma Shastra* (códigos morais)

Durante o período védico, os sacerdotes realizavam *yajnas* complexos. O mais popular deles era o *havan* (cerimônia do fogo sagrado), no qual os sacerdotes lançavam cereais nas chamas como oferenda a várias divindades. O *havan* era acompanhado por mantras cantados. Um mantra é uma série de sílabas sagradas. Para o sacrifício ter sucesso, era essencial que os mantras fossem pronunciados corretamente.

Aos poucos, a importância do ritual diminuiu conforme aumentava a prioridade dada ao pensamento filosófico. As ideias eram tiradas de seções específicas dos Vedas chamadas *Upanishads*, mais tarde resumidas numa antologia de aforismos hoje chamada de *Vedanta Sutra* ou *Brahma Sutra*.

Reinos hinduístas Os estudiosos que ensinavam com base nesses livros sagrados pertenciam à varna (classe) dos sacerdotes e se dedicavam à vida espiritual. Não eram pagos e dependiam do apoio financeiro de reis hinduístas piedosos, que pertenciam à varna guerreira. Desde a antiguidade, as varnas dos

O MURTI

O *murti* (estátua sagrada) é uma característica essencial do culto hinduísta. Os murtis dos templos são tratados com respeito, como se fossem grandes reis e rainhas. Todo dia, os sacerdotes banham e vestem as divindades, enfeitam-nas com guirlandas de flores e lhes oferecem comida vegetariana e outros itens de culto. As famílias hinduístas costumam ter pequenos murtis em seus altares domésticos. Os textos sagrados explicam que Deus, invisível para a maioria de nós, aparece por meio do murti para aceitar a devoção do fiel. No entanto, para que Deus esteja presente essas práticas têm de ser realizadas de acordo com regras estritas que exigem limpeza, pontualidade e devoção.

Murtis de Sita e Rama num templo, acompanhados de Lakshmana (à esquerda), irmão de Rama, e do macaco guerreiro Hanuman (de joelhos). Entre 500 a.C. e 500 d.C., o puja *no templo substituiu o* yajna *(sacrifício) como principal método de culto.*

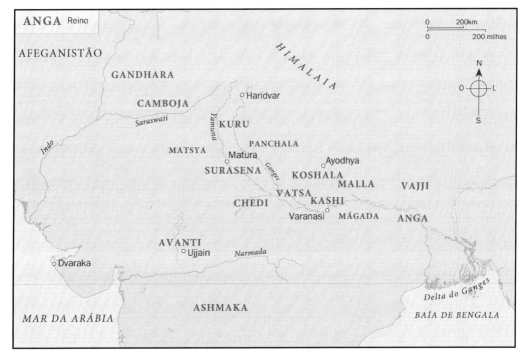

Os dezesseis antigos reinos hinduístas iam do Afeganistão, a oeste, ao delta do Ganges, a leste. A maioria se situava em torno do Doab, região fértil entre o Ganges e o Yamuna, ou mais abaixo do Ganges, depois da confluência dos dois rios em Prayag.

guerreiros e sacerdotes cooperaram para proteger e instruir os cidadãos em geral. Por volta de 600 a.C., dezesseis reinos hinduístas se estendiam pela planície indiana, do Afeganistão de hoje até além do delta do Ganges.

O Império Máuria (c. 321-184 a.C.) No final do período védico, um líder chamado Chandragupta Máuria ocupou o trono do reino de Mágada. Ele ampliou seu território e criou o Império Máuria, o mais poderoso da Índia antiga. Na era máuria, compilaram-se muitos textos importantes. Chanakia, assessor próximo de Chandragupta, compilou o *Artha Shastra*, que tratava de guerra, economia e filosofia política, e o *Niti Shastra*, coletânea de provérbios ainda muito lida hoje em dia.

Textos orais mais antigos foram redigidos nessa época, como o *Manu Smriti* (Leis da Humanidade), que fazia parte de um cânone védico chamado *Darma Shastra* (Códigos Morais). Também foram redigidos os dois épicos hinduístas: o *Ramaiana* por Valmiki e o *Maabárata* por Vyasa. Essas obras exploravam o ideal de cumprir o próprio *darma* (dever religioso) e, principalmente, o papel fundamental exercido por reis cavalheirescos e seus instruídos assessores, os *brâmanes* (sacerdotes).

Puja A partir de 500 a.C., os rituais e sacrifícios complexos do hinduísmo, como o havan, foram superados aos poucos pelo puja, a adoração de murtis (estátuas sagradas). Ao mesmo tempo, o foco do culto passou de Indra e dos outros primeiros deuses védicos para três divindades principais: Vixnu, Shiva e Shakti (a deusa também chamada de Devi). Mais tarde, no período

HINDUÍSMO

> ### OS QUATRO VARNAS E O SISTEMA DE CASTAS
>
> O *Rig Veda* descreve quatro *varnas* (classes sociais):
> - **Brâmanes** — sacerdotes e intelectuais
> - **Xátrias** — exército, polícia e administradores
> - **Vaixás** — comerciantes e comunidade empresarial
> - **Sudras** — trabalhadores e operários
>
> Originalmente, cada pessoa era designada para um varna de acordo com sua preferência por um tipo específico de trabalho. Mais tarde, o sistema se tornou hereditário e se acrescentaram muitas subdivisões (*jati*), até chegar ao atual sistema de castas.

gupta, muitos templos magníficos foram dedicados a essas divindades principais.

O Império Gupta (320-550 d.C.)

O Império Máuria finalmente desmoronou. Depois de um período de instabilidade, surgiu o Império Gupta que, durante dois séculos, reinou por toda a região ao norte dos montes Víndias. Embora não tão fosse vasto quanto o máuria, o Império Gupta deixou profunda impressão cultural na Índia, e hoje esse período é considerado uma época de ouro do hinduísmo, marcada por realizações consideráveis na arte religiosa, na música, na literatura, na filosofia e na arquitetura. Com a popularidade crescente do puja, construíram-se muitos templos impressionantes. As ideias hinduístas se espalharam profundamente pelo sudeste da Ásia e chegaram a países como o Camboja, onde os templos de Angkor Wat foram dedicados a Vixnu e Shiva.

Com a ascensão do culto nos templos, surgiram três tradições principais que se concentravam, respectivamente, em Vixnu, Shiva e Shakti. Ao mesmo tempo, desenvolveu-se a ideia da Trimúrti (três divindades principais): Brahma era considerado responsável pela criação, Vixnu se tornou o "sustentador e protetor", e o

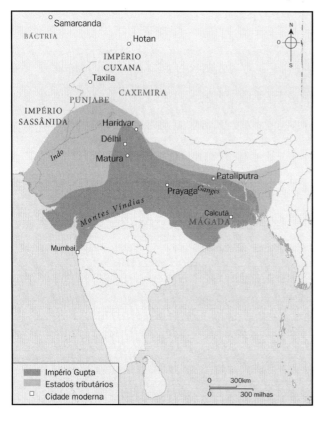

O Império Gupta sob o rei Chandragupta II, por volta de 400 d.C.

HINDUÍSMO

papel de destruidor foi dado a Shiva (antes chamado de Rudra). A esposa de Shiva é Shakti, também chamada Devi, Durga ou Parvati. Os *shaktas* (seguidores de Shakti) também veneram as esposas das duas outras divindades da Trimúrti: Lakshmi (esposa de Vixnu e deusa da fortuna) e Sarasvati (esposa de Brahma e deusa da sabedoria).

Os puranas No período gupta, foram redigidos os puranas ou "histórias antigas". Eram dezoito contos principais dedicados a Brahma, Vixnu e Shiva, mas com alguma referência a Shakti. Os mais famosos são os que descrevem as atividades de Krishna, um aspecto de Vixnu. Krishna é louvado pelas atividades travessas na infância e juventude passadas na aldeia de Vrindavana e, principalmente, por furtar manteiga para dá-la aos macacos. Outro conto popular, o Devi Bhagavata Purana, conta a história da deusa Durga. Ela matou um demônio que assumiu a forma de búfalo. Durga o derrotou com facilidade, superando o poder de todos os deuses combinados.

O Império Chola (850-1279) O Império Gupta terminou por volta de 550 d.C. Aos poucos, o poder na Índia se deslocou para o sul. A dinastia Chola, que existia desde o século I d.C., criou um império no século IX. Eram devotos de Shiva, mas também apoiavam o vixnuísmo e o shaktismo. Os Cholas construíram muitos templos impressionantes, principalmente em Thanjavur e na capital Chidambaram. Esses templos tinham grandes gopurans, portais imensos decorados com esculturas ornamentais de divindades. Shiva continuava a ser o deus mais popular, principalmente na forma de Nataraja, o "rei dos dançarinos".

AS GRANDES TRADIÇÕES

As três principais tradições surgidas no período gupta são:
- **Vixnuísta** — que cultua Vixnu
- **Xivaísta** — que cultua Shiva
- **Shaktista** — que cultua Shakti (Devi)

Mais tarde, por volta do século IX d.C., desenvolveu-se outra tradição chamada *Smarta*. Seus seguidores, os smartas, cultuam cinco divindades: Vixnu, Shiva, Devi, Surya (o deus Sol) e Ganesha (divindade com cabeça de elefante). Brahma, embora seja um dos componentes da Trimúrti, é pouco cultuado hoje, com exceção da cidade de Pushkar, no Rajastão, e de algumas regiões do sudeste da Ásia.

Dançarinas indianas contam a história de Durga, a forma feroz da deusa Shakti. Durga tem dez braços e brande várias armas.

126 HINDUÍSMO

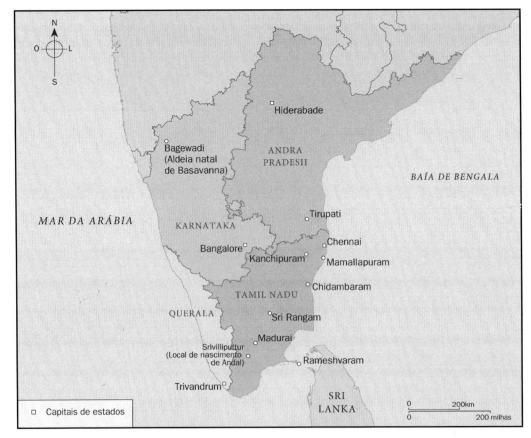

Os quatro estados do sul da Índia, mostrando locais ligados aos santos-poetas.

O hinduísmo no sudeste da Ásia

O hinduísmo pode ter chegado a lugares como o Camboja ainda no século I d.C. Com a ajuda de sua frota, o Império Chola colonizou países mais ao sul e a sudeste, como as Ilhas Maldivas, o Sri Lanka e as terras do Império Srivijaya na Indonésia, que incluía Malásia, Java e Sumatra e tinha predominância budista. Os exércitos cholas cobraram tributos de governantes da Península Indochinesa, principalmente do Sião (Tailândia) e do reino khmer do Camboja.

Mais ou menos na mesma época, o hinduísmo chegou à ilha de Bali, onde ainda é a principal religião. Em todo o sudeste da Ásia, as crenças e práticas hinduístas se misturaram a tradições budistas e locais. Essa cultura mista ainda existe em muitas regiões da Indochina e da Indonésia, como fica evidente no uso contínuo de longos nomes sânscritos.

Os santos-poetas do sul da Índia

Entre os séculos VI e X, um grupo de personagens espirituais do sul da Índia, os chamados santos-poetas, ajudaram a afastar o hinduísmo dos rituais estritos e controlados pelos brâmanes da época védica. O foco dos santos-poetas num deus pessoal lançou as bases do hinduísmo moderno. Eles escreviam no idioma tâmil, o que fortaleceu sua importância como idioma tão sagrado quanto o sânscrito do norte.

Entre os santos-poetas estavam os 64 *naianares*. Adoradores de Shiva, eles se dedicavam a serviços práticos, como

HINDUÍSMO

Estátua de Nataraja, do sul da Índia

se preocupar com estudos filosóficos. Consideravam fundamental o serviço aos devotos do Senhor Shiva, mais elevado até do que o próprio culto a Shiva. Os naianares ajudaram a criar a importante tradição conhecida hoje como xivaísmo sidanta (*Shaiva Siddhanta*).

Os 12 *alvares* eram os equivalentes *vaishnavas* (vixnuístas ou adoradores de Vixnu) dos naianares. O mais famoso foi a santa Andal, que, quando jovem, resolveu que só aceitaria Krishna como marido. Ela foi ritualmente casada com a imagem de Krishna. Segundo a lenda, quando a cerimônia terminou ela desapareceu milagrosamente dentro do murti. A vida e a poesia de Andal ainda são homenageadas numa festa realizada em dezembro ou janeiro. Os poemas dos doze alvares foram compilados nos quatro mil versos do *Divia Prabandam*, que ainda é um texto fundamental no sul da Índia. Nele,

limpar as instalações do templo, acender as lâmpadas, fazer guirlandas de flores, alimentar os devotos e cumprir outras tarefas humildes dentro do templo, sem

O PAPEL DO TEMPLO

No hinduísmo, o templo (*mandir*) é considerado a casa de Deus ou da divindade específica cuja imagem está no santuário central. O principal ato de culto (*arti*) é realizado até seis ou sete vezes por dia. Nessa cerimônia de boas-vindas, o sacerdote oferece às divindades itens agradáveis, como incenso, água, flores e uma lâmpada. São dois os principais estilos arquitetônicos tradicionais dos templos: o do norte e o do sul. Os templos do norte têm um santuário central, uma torre principal (e muitas vezes outras torres menores) e arcos arredondados. Os templos do sul costumam se situar dentro de complexos maiores e são cercados por vários muros concêntricos. Para chegar ao santuário central, é preciso passar por imensos *gopuram* (portais), todos profusamente decorados com esculturas de deuses e deusas.

Vista externa do Templo Brihadisvara, em Thanjavur.

QUATRO METAS E QUATRO CAMINHOS

Os ensinamentos hindus listam quatro metas da vida humana:

- *darma* — cumprir os deveres religiosos.
- *artha* — desenvolver riqueza e prosperidade.
- *kama* — gozar os prazeres dos sentidos de forma ética.
- *moksha* — libertar-se do nascimento e da morte.

Há quatro *margs* (caminhos) para o *moksha*, também chamados *iogas*, ou "modos de se ligar" com Deus. São eles:

- *carma-ioga* — o caminho do trabalho altruísta.
- *jnana-ioga* — o caminho da filosofia e da sabedoria.
- *ashtanga-ioga* — o caminho dos exercícios e da meditação.
- *bhakti-ioga* — o caminho do serviço devocional. Este é o *ioga* mais popular hoje, embora costume se misturar com práticas dos três outros *iogas*.

cantam-se os louvores de Vixnu em sua forma de Naraiana, de quatro braços. O poema ainda é recitado diariamente no famoso Templo de Srirangam, às margens do rio Kaveri (um dos sete rios sagrados da Índia).

Movimentos Bhakti Os santos-poetas vinham de todos os estratos da sociedade e pouco ligavam para a estrutura social indiana que, na época, evoluíra para um sistema de castas hereditárias. Ao aceitar discípulos de todas as classes sociais, os santos-poetas desafiaram a autoridade dos brâmanes (sacerdotes).

Os santos-poetas deram origem aos populares movimentos *bhakti* (movimentos de devoção religiosa) que, mais tarde, inundaram o norte e englobaram a Índia inteira. Um dos primeiros desses movimentos foi criado no século XII pelo sábio Bassavanna. Os integrantes do movimento eram chamados de lingaiates devido ao pequeno *lingam* que sempre levavam consigo. O lingam sagrado é uma pedra preta cilíndrica que representa

Atividades devocionais no interior de um templo da Índia. As mulheres rezam e fazem oferendas a um grande lingam, *o símbolo de Shiva, enquanto um sacerdote lê a sagrada escritura.*

HINDUÍSMO

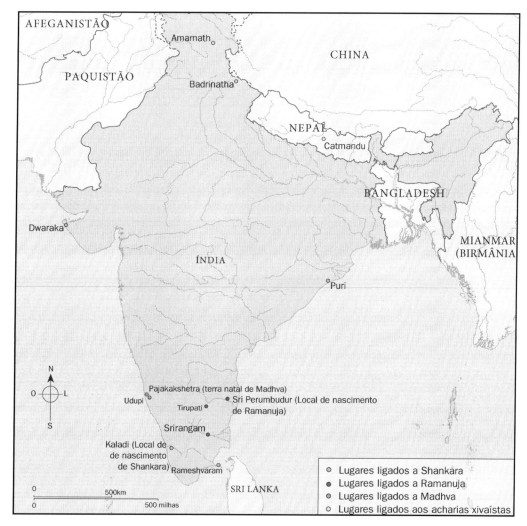

Cidades e locais sagrados ligados aos principais filósofos e estudiosos do hinduísmo.

o Senhor Shiva. Os lingaiates acreditavam num único deus, rejeitavam os Vedas por seu politeísmo, pregavam a igualdade de todos os seres e, coisa incomum na época, aceitavam mulheres como gurus.

Estudiosos e filósofos Mais ou menos na mesma época dos santos-poetas, vários pensadores importantes ou acharias lançaram as bases do moderno pensamento hinduísta. Cada acharia começou seu próprio ramo de filosofia. Para disseminar suas ideias, eles criavam uma sampradaia, sucessão ininterrupta de professores e alunos (que, por sua vez, viravam professores). Os acharias reforçaram a importância da relação entre o guru e o discípulo. Para eles, conhecimento não era apenas reunir informações, mas também desenvolver caráter e compreensão por meio da disciplina e da conduta moral.

Filosofia vedanta Os acharias ensinavam versões diferentes da filosofia vedanta. Vedanta significa "a conclusão dos

Vedas" e é um dos seis darshans (escolas "ortodoxas") do hinduísmo. Os darshans não são exatamente escolas distintas de pensamento e representam maneiras diferentes de ver a mesma verdade. O vedanta desenvolveu duas ideias principais sobre Deus: primeiro, que é impessoal, a alma onipresente do mundo; segundo, que, em última análise, Deus é uma pessoa que vive além deste mundo material. Muitas tradições combinam esses dois pontos de vista.

Acharias Adi Shankara (c. 780-812) nasceu no atual estado sulista de Querala. Segundo a lenda, renunciou ao mundo com 8 anos e se tornou um saniasi (monge itinerante). Mais tarde, ele aceitou a iniciação de um mestre espiritual que lhe pediu que escrevesse comentários sobre a filosofia vedanta. Nessa época, o hinduísmo perdia parte da atração devido à influência generalizada do budismo e do jainismo. Os hinduístas aceitaram Buda como avatar (encarnação) de Vixnu. Mesmo assim, muitos hinduístas consideravam budistas e jainistas antiortodoxos pela rejeição dos textos védicos.

Shankara viajou por toda a Índia, restabelecendo a autoridade da literatura védica e derrotando os argumentos contrários. Ele fundou a escola *Advaita* de vedanta, que ensinava que Deus e a alma são idênticos. Além disso, criou uma quarta linha de hinduísmo chamada escola *Smarta*, distinta das tradições vixnuísta, xivaísta e shakta já existentes. Shankara também fundou mosteiros no norte, no leste, no sul e no oeste da Índia — os quatro pontos cardeais.

Ramanuja (1017-1137) foi o acharia mais importante entre as sampradaias de Sri Vaishnava do sul da Índia. De acordo com Ramanuja, Deus, além de existir em todos os lugares como energia sem forma (como pensava Shankara), também é uma pessoa com corpo espiritual. A salvação é obtida principalmente pela graça, por meio da qual a alma (*atma*) entra na morada de Vixnu para viver para sempre sob forma espiritual. Hoje, Tirupati e Srirangam, no sul da Índia, são os principais centros de Sri Vixnuísmo.

Madhya (1238-1317), outro acharia, insistiu na forma pessoal de Deus (como Krishna) e na distinção eterna entre Deus e *atma*. A sede da tradição Madhya é Udupi, no estado de Karnataka.

Ramanuja e Madhya eram vixnuístas. Também houve vários acharias xivaístas (adoradores de Shiva), como Abhinavagupta, Srikantha e Bhojadeva, que ensinaram suas próprias filosofias.

Retrato tradicional de Adi Shankara.

HINDUÍSMO

A Índia dominada por muçulmanos

No século XI, enquanto os reinos hinduístas prosperavam no sul, a vida religiosa era ameaçada no norte. A religião islâmica, relativamente nova, chegara à Índia com os mercadores que percorriam o Mar da Arábia no século VII. No século VIII, árabes iraquianos ocuparam o estado de Sindh, no noroeste. Aos poucos, os muçulmanos da Turquia e da Ásia central superaram os persas como principal potência a oeste da Índia.

Em 1192, o governante muçulmano Mo-hammad Ghauri derrotou o rei hinduísta Prithviraj e derrotou a cidade de Délhi. Foi o começo de mais de cinco séculos de dominação muçulmana na Índia e teria efeito significativo sobre o desenvolvimento do hinduísmo. Às vezes o islamismo foi hostil com o hinduísmo, principalmente com a prática de culto das imagens. A antiga tradição do *Sanatana darma* (hinduísmo), com sua tolerância e inclusividade, foi forçada a se redefinir. A palavra *hindu*, que se refere ao povo que vive na outra margem do rio Indo, foi cunhada pelos persas no século VII. No século XIII, também foi usada para denominar os que praticavam a fé para se distinguir dos seguidores de outras religiões.

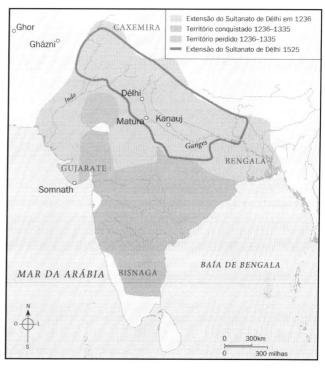

Ascensão e declínio do Sultanato de Délhi de 1236 a 1525, ano anterior à invasão mogol comandada por Babur.

Pátio da mesquita de Quwwat-ul-Islam, no bairro de Mehrauli, em Nova Délhi. Monumento extraordinário da época do domínio muçulmano na Índia, a construção da mesquita começou em 1193 d.C.

132 HINDUÍSMO

O sistema social hindu Quando os muçulmanos chegaram, o antigo sistema indiano de quatro varnas se tornara hereditário (o moderno sistema de castas). Em geral, nascer numa família de casta elevada garantia um emprego de prestígio, mesmo para os pouco qualificados. Os que nasciam nas castas inferiores eram forçados a exercer profissões braçais, por mais talento que tivessem para outras ocupações. O governo muçulmano criou uma elite governante, reforçou as diferenças de classe e promoveu o sistema de castas. Muitos governantes muçulmanos impuseram tributos especiais aos hinduístas, que às vezes também foram forçados a se converter ao islamismo. Cerca de um quarto dos hinduístas se converteu, principalmente em Bengala e no noroeste.

O Império Mogol Em 1398, Délhi foi destruída por Tamerlão, conquistador muçulmano que afirmava descender de Gêngis Khan, o imperador mongol. O Sultanato de Délhi (dinastia muçulmana que governou a Índia) nunca se recuperou inteiramente, e, em 1526, Délhi finalmente caiu diante de Babur, descendente de Tamerlão da Ásia central. Mais tarde, Babur criou a dinastia mogol, que dominou boa parte da Índia nos três séculos seguintes.

> **HISTÓRIAS DE BIRBAL**
> O hinduísta Birbal foi uma das "nove joias" da corte de Akbar. Como primeiro-ministro, era famoso pela inteligência extraordinária. Há muitas histórias sobre Birbal e como evitou as intrigas de seus rivais na corte. Essas histórias, ainda populares entre hinduístas, costumam aparecer em revistas em quadrinhos e na televisão. Fazem parte da tradição de transmitir conhecimento por meio de histórias.

Datada do período mogol, essa pintura mostra Krishna e sua namorada Radha. No reinado de Akbar, a arte, a música e a arquitetura hinduístas floresceram, embora mais tarde muito fosse destruído pelo implacável Aurangzeb.

Crescimento do Império Mogol de 1605 (morte de Akbar) a 1700. No fim do século XVII, mercadores europeus tinham aberto feitorias importantes que ameaçavam a supremacia mogol.

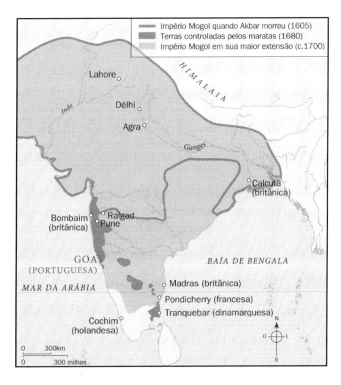

Um dos maiores governantes do Império Mogol foi Akbar, neto de Babur (governou de 1542 a 1605). Nascido e criado na Índia, Akbar tinha uma atitude positiva para com todas as religiões. Participava das festas hinduístas e deu início a uma série de debates religiosos, para os quais convidava tanto muçulmanos quanto hinduístas, siques e cristãos. Ele também estimulou praticantes de outras religiões a participar de seu governo.

Akbar foi sucedido pelo filho Jahangir e, depois, pelo neto Xá Jeã. Aurangzeb, filho de Xá Jeã, foi tirânico. Durante seu longo reinado (1668-1707), ele perseguiu os hinduístas, impondo-lhes tributos e profanando seus templos e imagens sagradas. A política religiosa de Aurangzeb contribuiu para o conflito entre muçulmanos e hinduístas na Índia e criou um ressentimento que dura até hoje.

Novo reino hinduísta No período de domínio muçulmano, a rica cidade de Vijaianagar (Cidade da Vitória) resistiu ao poderio militar tanto do Sultanato de Délhi quanto dos mogóis, até ser finalmente derrotada em 1565. Foi o fim do sul da Índia como região política separada. No entanto, um inimigo ainda mais formidável dos mogóis surgiu no litoral ocidental da Índia, no montanhoso reino marata. O rei marata Shivaji (1630-1680) e seus sucessores importunaram Aurangzeb incessantemente e apressaram o fim do domínio mogol. Shivaji era um guerreiro da resistência que encarnou o antigo ideal hinduísta de guerreiro piedoso e cavalheiresco. Para muitos hinduístas modernos, ele é o símbolo da luta justa contra a opressão.

O bhakti varre a Índia As restrições do domínio mogol se somaram ao controle firme exercido pelos sacerdotes hinduístas. Muitos desses brâmanes insistiam na observação estrita do sistema de castas hereditárias, que impedia os hinduístas de berço inferior de participarem por completo da sociedade e da vida religiosa. Os hinduístas comuns se sentiam marginalizados. Em suas fileiras, surgiram líderes que insistiam na igualdade espiritual de todos e na relação pessoal que todos deveriam desenvolver com Deus. Em consequência, uma onda de bhakti ou devoção religiosa varreu a Índia.

HINDUÍSMO

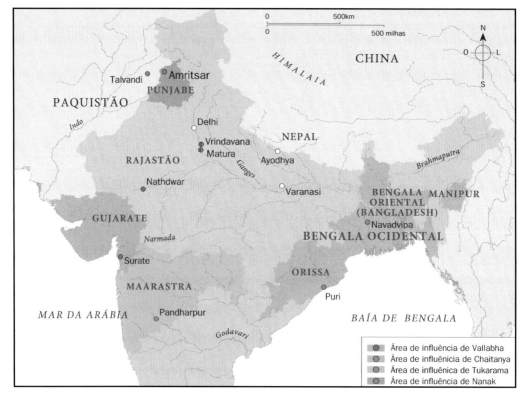

Principais estados e cidades da península indiana ainda influenciados hoje por quatro dos importantes santos bhaktis e seus respectivos ensinamentos.

Santos bhakti Os líderes desse movimento, os chamados santos bhakti, se basearam nos sentimentos religiosos dos antigos santos-poetas do sul da Índia e também na filosofia vedanta, principalmente a ensinada por Ramanuja e Madhya. Embora os santos-poetas tivessem cultuado Shiva e Vixnu, a tradição predominante no norte da Índia se concentrava em Rama e Krishna, dois importantes avatares de Vixnu. Entre os principais santos da época, estavam:

- **Chaitania**, que fundou o vixnuísmo bengali.
- **Kabir**, que ensinou que Deus é o mesmo para todos, seja qual for o caminho que cada um escolher. Entre seus seguidores havia muçulmanos, siques e hinduístas.
- **Vallabha**, que favorecia o culto a Krishna menino, costume ainda popular entre muitos hinduístas gujaratis.
- **Surdas**, que nasceu cego mas, por ser excelente músico, compôs milhares de canções de glória a Krishna.
- **Tulsidas**, que escreveu uma versão popular do *Ramaiana* chamada *Rama Carita Manas*.
- **Tukarama**, que cultuava Vitthala, famoso aspecto de Vixnu, em Pandharpur (no atual Maharashtra, perto de Mumbai).
- **Mirabai**, talvez a santa mais famosa do hinduísmo.

Música, mantras e dança Muitas tradições bhaktis popularizaram o canto de mantras, fosse em voz alta com música, fosse em voz baixa com rosários. Os santos também compuseram músicas, poemas e orações no idioma local. O santo bengali Chaitania ficou famoso por cantar e dançar em público. Ele popularizou o seguinte mantra:

> Hare Krishna, Hare Krishna,
> Krishna Krishna, Hare Hare,
> Hare Rama, Hare Rama,
> Rama Rama, Hare Hare.

No outro lado da Índia, Mirabai, uma princesa rajastani, ganhou fama com a devoção a Krishna, apesar da perseguição da família. Ela acabou abandonando a vida palaciana e se tornou uma santa itinerante. Seus poemas de amor religioso são recitados até hoje e exprimem um intenso sentimento de separação de Deus, comum a muitos santos *bhaktis*.

O nascimento da religião sique

O guru Nanak (1469-1539), fundador da religião sique, foi influenciado pela tradição bhakti do norte da Índia. Ele ensinava a importância de entoar os nomes sagrados de Deus, a igualdade de todas as pessoas e a importância do seva (serviço aos outros). A princípio, a nova fé de Nanak era muito ligada ao hinduísmo. Só mais tarde o siquismo se tornou uma religião separada, que adotou um aspecto militar quando seus seguidores tiveram de lutar contra os mogóis e, depois, os britânicos (ver o capítulo 6).

O domínio britânico na Índia (1757-1947)

Em 1498, Vasco da Gama se tornou o primeiro europeu a pôr os pés na Índia, em Calicute, no litoral oeste. E em 1510 os portugueses conquistaram Goa. O esplendor e a riqueza do Império Mogol também atraíram o interesse de comerciantes franceses, holandeses e britânicos. Em 1610, a Companhia das Índias Orientais britânica criou uma base em Surate e feitorias em Madras (1639), Bombaim (1668) e Calcutá (1690). Os administradores da companhia assinaram acordos comerciais com os mogóis e recrutaram habitantes locais para sua força militar.

Enquanto a Companhia das Índias Orientais ampliava sua influência, surgiram tensões entre a empresa e os governantes locais e centrais, o que provocou conflitos.

Chaitania dançando: ele se opunha ao sistema de castas hereditárias e enfatizava a importância de desenvolver o amor por um Deus pessoal.

Soldados indianos lutam ao lado de Robert Clive na vitória em Plassey, em 1757.

A VACA NO HINDUÍSMO

A Revolta dos Cipaios foi deflagrada principalmente pela insensibilidade às crenças hinduístas e muçulmanas. Para os hinduístas, a vaca, que dá seu leite tão generosamente, é considerada igual à própria mãe, e o touro, usado tradicionalmente para arar os campos, também ocupa uma posição elevada. Por outro lado, para os muçulmanos a carne e outros produtos do porco são impuros.

A vitória de Robert Clive na Batalha de Plassey (1757), em Bengala, anunciou o fim do Império Mogol. Em 1769, a Companhia das Índias Orientais tinha assumido o controle quase completo do comércio europeu na Índia.

Em 1857, espalhou-se entre os soldados indianos o boato de que as balas de seus fuzis eram untadas com gordura de vacas e porcos, indicando o desprezo dos britânicos pelas crenças de hinduístas e muçulmanos. Em consequência, os soldados indianos se rebelaram na Revolta dos Cipaios; isso levou os britânicos a assumirem o controle total da Índia em 1858.

Movimentos de reforma Os primeiros colonialistas deram liberdade à prática religiosa hinduísta. No entanto, mais tarde alguns missionários, estudiosos e autoridades do governo fizeram um esforço conjunto para converter os indianos ao cristianismo e "civilizá-los", principalmente por meio da educação formal. As tentativas de conversão e o contato crescente entre o hinduísmo e o Ocidente geraram vários movimentos de reforma hinduísta.

Um dos mais influentes foi o Brahmo Sabha, fundado em 1828 por Ram Mohan Roy, mais tarde rebatizado de Brahmo Samaj. Muito influenciado pelo cristianismo, Ram Mohan discordava da reencarnação e se opunha às práticas de casta e à adoração das imagens. Hoje, o Brahmo Samaj ainda existe, mas com relativamente poucos seguidores.

O Arya Samaj foi fundado em 1875 por Swami Dayananda, que desejava deter o ataque cristão e voltar à antiga religião védica. O Arya Samaj se opunha aos acréscimos posteriores ao hinduísmo, como a adoração de imagens, os banhos rituais e as peregrinações. Hoje, a principal forma de culto do Arya Samaj é a antiga cerimônia do fogo.

Esses movimentos tiveram efeito relativamente pequeno sobre as práticas hinduístas, e as principais tradições continuaram a predominar. No entanto, eles conseguiram aumentar a consciência da

HINDUÍSMO

identidade do hinduísmo como religião diferente das outras e deram origem aos movimentos nacionalistas que tentaram livrar a Índia do domínio estrangeiro. Outro efeito do domínio britânico foi a emigração de hinduístas para outras partes do Império.

Migração para o Caribe A emigração indiana foi um processo contínuo desde a época pré-colonial, principalmente por razões comerciais. No período colonial, a emigração para colônias britânicas,

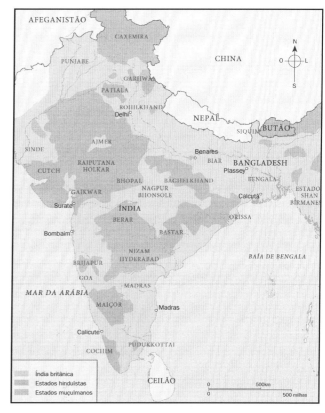

À direita: A Índia em 1857, na época da Revolta dos Cipaios, também chamada de Primeira Guerra da Independência.

Casamento hindu em Trinidad e Tobago. A noiva usa um sári tradicional, vermelho e dourado; o noivo veste seda branca com um turbante dourado.

MIGRAÇÃO E CULTURA HINDUÍSTA

A emigração afetou a prática hinduísta, pois os emigrantes adotaram hábitos culturais das comunidades anfitriãs. No exterior, os hindus, principalmente os homens, passaram a usar roupas ocidentais. Os hábitos alimentares mudaram e, às vezes, a alimentação tradicional, geralmente vegetariana, foi abandonada. No entanto, em alguns casos os hinduístas que saíram da Índia se tornaram mais preocupados com a transmissão de sua cultura e religião às gerações seguintes. Como em todas as religiões, o esforço de manter a tradição existe, mas ao mesmo tempo busca-se o ajuste à nova situação..

francesas e holandesas era um meio de conseguir emprego. No fim do século XIX, os emigrantes da Índia eram quase 1,6 milhão. Nas colônias caribenhas da Grã-Bretanha, a abolição da escravatura (a partir de 1834) resultou na escassez de mão de obra. Assim, os governos coloniais recorreram aos 250 milhões de habitantes da Índia.

Na década de 1840, trabalhadores sob contrato de servidão (trabalhariam como servos até o fim do contrato e só então receberiam sua paga), em sua maioria falantes de hindi do norte da Índia, foram mandados para trabalhar no Caribe britânico. Prometeram-lhes salários justos e a passagem de volta em troca de um número determinado de anos de trabalho. Devido à pobreza, às práticas desonestas de alguns empregadores e à aspiração de construir uma nova vida, pouquíssimos voltaram à Índia. Os primeiros indianos a chegar foram para a indústria açucareira de Trinidad. Outros seguiram para trabalhar nos seringais e canaviais da Guiana Francesa e do Suriname holandês.

África e sudeste da Ásia Em 1870, os britânicos assumiram o controle formal dos estados malaios ocidentais. Em seguida, muitos tâmeis (de Tamil Nadu, no sul da Índia) se mudaram para lá e se tornaram trabalhadores braçais em minas de estanho, ferrovias e seringais. Muitos também foram para Cingapura e Birmânia. A partir de 1879, outros foram mais para o oriente, para trabalhar nos canaviais e algodoais de Fidji. No início do século XX, pelo menos metade da população de Fidji era de indianos.

Os indianos, entre eles muitos hinduístas, também migraram para a ilha Maurício, ao largo do litoral oriental da África, e para a vizinha ilha francesa de Reunião.

VALORES HINDUÍSTAS

Gandhi era um leitor entusiasmado do *Bhagavad Gita*, que lista muitos valores humanos desejáveis, como:

- Não violência em tudo (*ahimsa*).
- Respeito por todos os seres vivos.
- Humildade.
- Controle da mente e dos sentidos.
- Desapego às posses.
- Serviço (*seva*) a Deus e aos outros.
- Sustentabilidade (*sattva*).
- Limpeza e veracidade.

De acordo com o *Bhagavad Gita*, sem esses valores os indivíduos e as sociedades não podem ser felizes nem pacíficos. Gandhi enfatizava a não violência baseada na crença da existência de alma em todas as formas de vida. Por essa mesma razão, muitos hinduístas praticam o vegetarianismo.

Mahatma Gandhi na Marcha do Sal, em que ele percorreu a pé o trajeto de 384 quilômetros.

HINDUÍSMO

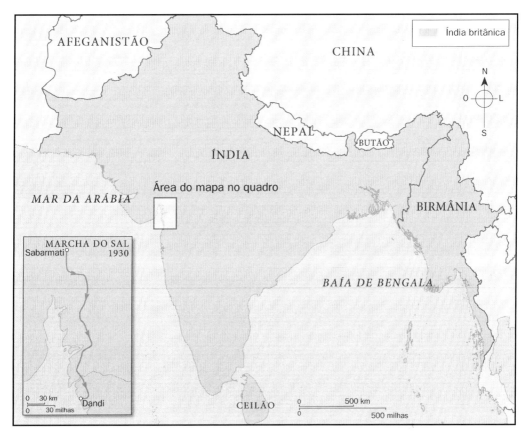

Mapa mostrando a maior extensão da Índia sob dominação britânica (1945). O mapa no quadro mostra o trajeto de Gandhi na Marcha do Sal de 1930, evento importantíssimo do movimento Quit India ("saiam da Índia").

Outros, saídos principalmente do Gujarate, migraram para a África oriental ou para a África do Sul para trabalhar nas ferrovias e minas de ouro. Foi na África do Sul que Mohandas K. Gandhi, talvez o mais famoso hinduísta contemporâneo, trabalhou como advogado. Ele se alarmou com a exploração colonial e com o tratamento de cidadãos de segunda classe dado aos indianos.

O nacionalismo indiano Gandhi fazia objeção à prática de exportar algodão cru indiano para a produção de roupas em Manchester, no Reino Unido, depois importadas pela Índia a preços inflacionados. Ele boicotou pessoalmente os tecidos das fábricas ocidentais. Sua luta pelo comércio justo fazia parte de um movimento nacionalista cada vez maior que exigia o fim da dominação britânica e da exploração colonial.

Em 1909, membros importantes do movimento Arya Samaj criaram a Hindu Mahasabha (Grande Assembleia Hinduísta) para dar aos indianos uma voz política distinta. O Mahasabha declarou que o "Hindustão" (Índia) era a "terra dos hindus" e exigiu um governo baseado nas leis hinduístas. Em 1923, Vir Savarkar, líder do Mahasabha, cunhou a palavra *hindutva*, que pode ser traduzida como "indianidade". Hoje, essa palavra se refere principalmente às entidades que defendem

140 HINDUÍSMO

o nacionalismo indiano. Um desses movimentos é o Rashtriya Swayamsevak Sangh (RSS), fundado em 1925 e talvez a organização hinduísta mais poderosa hoje em dia, com cerca de cinco milhões de filiados no mundo inteiro.

O movimento de Gandhi
Em 1915, o Mahatma Gandhi entrou no palco político. Ele e seus muitos seguidores só vestiam algodão fiado e tecido a mão, com a intenção de minar a indústria têxtil britânica baseada em Manchester. Em 1930, ele organizou uma marcha de 384 quilômetros até o mar, onde os manifestantes produziram ilegalmente seu próprio sal para protestar contra o imposto do sal britânico. Em todas essas realizações, Gandhi insistia na "resistência passiva" e não violenta, mesmo diante de agressões.

Gandhi e as castas
Gandhi tirou muito de sua força e convicção dos ensinamentos hinduístas. No entanto, como os santos bhakti anteriores, ele fazia objeções ao sistema de castas hereditárias. Naquela época, algumas pessoas tinham sido rotuladas como "párias" ou "intocáveis", numa condição ainda inferior ao quarto varna, os shudras (trabalhadores). Os intocáveis só podiam exercer as profissões mais vis, como limpar as ruas ou curtir couro. Eram proibidos de comer com pessoas de outras cas-

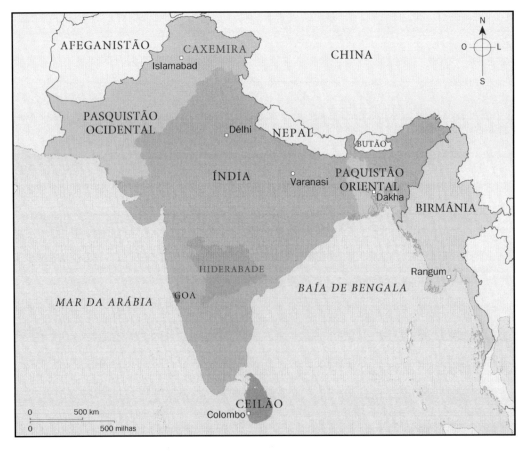

A Índia e os países circundantes pouco depois da Partição, com algumas áreas contenciosas. Mais recentemente, usou-se a ideia de "terra sagrada" para promover o nacionalismo hinduísta.

HINDUÍSMO

> ### TERRA SAGRADA
>
> Em peregrinação, os hinduístas visitam terras ligadas à vida de vários santos e divindades e consideradas sagradas. Eles recebem *darsana* (bênção) dos murtis locais, aceitam sofrimentos como andar descalço e fazem doações para caridade. Um *tirtha* ou "vau" é uma cidade sagrada, um lugar onde os fiéis podem atravessar para a outra margem (o mundo espiritual).
>
> A ideia de "terra sagrada" foi usada com propósitos políticos. Alguns hinduístas afirmam que a terra da Índia é sagrada para eles e que, portanto, a Índia deveria ser um país hinduísta. Outros defendem que a península indiana é especial simplesmente por ser um lugar espiritual e que não deveria pertencer a nenhuma religião. A relação exata entre a Índia e o hinduísmo é discutível, ainda mais agora, com um número crescente de hinduístas nascendo e crescendo em outros países ou em famílias não indianas.

tas, de entrar em templos ou de tirar água dos poços das aldeias. Gandhi chamou os intocáveis de harijans, os "filhos de Deus".

Em termos práticos, Gandhi acreditava no sistema de quatro *varnas*, mas não no sistema hereditário que negava oportunidades iguais. Ele queria incorporar os *harijans* à quarta classe, o *shudra*

varna. Ramji Ambedkar, outro reformador, discordava de Gandhi quanto à condição futura dos intocáveis e defendia uma sociedade completamente sem classes. Mais tarde, Ambedkar se converteu ao budismo e se tornou um personagem heroico para os *harijans*, que passaram a se intitular *dalits* (oprimidos). Sua luta por direitos iguais continua até hoje.

Independência indiana Gandhi encabeçou as primeiras negociações pela independência, que tomaram ímpeto depois da Segunda Guerra Mundial (1939-1945). Com a aproximação da independência, aumentou a tensão entre hinduístas e muçulmanos. Para a comunidade muçulmana minoritária, a possibilidade de um governo hinduísta não parecia muito melhor do que o domínio britânico. Em 1946, Mohammed Jinnah, líder da Liga Muçulmana, transmi-

Hinduístas se banham nas águas sagradas do rio Ganges em Varanasi, num festival religioso.

142 HINDUÍSMO

tiu a mensagem de que, para sua comunidade, não era mais possível uma Índia unida, já que os muçulmanos não se dispunham a viver sob um governo hinduísta.

Quando o domínio britânico terminou em 15 de agosto de 1947, seu fim foi acompanhado pela criação do novo Estado do Paquistão, que compreendia duas áreas de maioria muçulmana no leste e no oeste da Índia. A Partição provocou horrores sem precedentes. Cerca de meio milhão de pessoas foram mortas quando pelo menos onze milhões de refugiados hinduístas, muçulmanos e siques cruzaram as fronteiras recém-traçadas. Até hoje, essa é a maior migração humana já registrada. Gandhi, muito desapontado com a Partição e a violência que se seguiu, foi assassinado em 1948 por um hinduísta fanático. Jawaharlal Nehru, seu ex-aliado, se tornou o primeiro primeiro-ministro da Índia.

Caxemira Depois da Partição, a Índia assimilou à força territórios menores como Hiderabade, a Índia francesa e, algum tempo depois, a Goa portuguesa. A Caxemira, então um Estado independente, escolheu se unir à Índia apesar de sua maioria muçulmana. O Paquistão fez objeções que levaram à primeira Guerra Indo-Paquistanesa (1948). O empate resultou em cessar-fogo e, finalmente, na assimilação da Caxemira à Índia. A violência política e religiosa continua até hoje, estragando o futuro de uma região que já foi famosa pela beleza natural e pela rica herança cultural.

Nepal Embora a Índia e o Paquistão tenham se dividido por linhas religiosas, o novo Estado indiano era secular, ou seja, neutro em questões de religião. Depois da Partição, o único país hinduísta remanescente no mundo era o Nepal, no norte da Índia, na frontei-

Meninas vestidas de Krishna (à esquerda) e sua consorte Rada no Ratha Yatra, a festa anual dos carros alegóricos de Londres. Originalmente celebrada em Puri, no litoral leste da Índia, hoje a festa é reproduzida em cidades do mundo inteiro.

HINDUÍSMO 143

> ### OCASIÕES ESPECIAIS
>
> Para os hinduístas, comemorar as ocasiões especiais é um modo de manter e transmitir as tradições às gerações mais jovens. Os hindus que não moram na Índia continuam a celebrar suas festas e observam até dezesseis *samskaras* (ritos de passagem). Os mais importantes são as cerimônias de nascimento, iniciação da linha sagrada (três fios de linha sagrada são dados ao menino estudante), casamento e funeral. Cada *samskara* marca um evento especial na jornada da vida. Desde a antiguidade, os hinduístas dividiam a vida humana em quatro estágios chamados *ashramas*.
>
> 1. *Brahmachari ashrama* — vida de estudante
> 2. *Grihastha ashrama* — vida de casado
> 3. *Vanaprastha ashrama* — vida de aposentado
> 4. *Saniasa ashrama* — renúncia à vida
>
> Até hoje, há hindus que abandonam o lar para se tornar saniasis (monges). Alguns saniasis viajam para o exterior para ensinar cerimônias especiais aos sacerdotes e orientar a prática religiosa fora da Índia, dentro de outra cultura.

ra com o sul da China. O Nepal declarou sua independência da Grã-Bretanha em 1923. Hoje, muitos hinduístas de origem nepalesa também vivem no reino himalaico do Butão e constituem até 25% de sua população.

Migração de Uganda Em 1972, hinduístas e outros indianos foram expulsos de Uganda, deixando para trás riqueza considerável. Com passaporte britânico, muitos se instalaram no Reino Unido, nos bairros mais pobres das grandes cidades, aceitaram empregos mal pagos ou abriram pequenas empresa como mercearias, bancas de jornais e confecções. O centro natural das novas comunidades hinduístas foram os primeiros templos simples, geralmente prédios antigos convertidos, alguns deles ex-casas paroquiais anglicanas. Ali, os hinduístas praticavam o puja, comemoravam suas festas e realizavam ritos de passagem,

Saniasis tradicionais com seus bastões e túnicas cor de açafrão. A ênfase hinduísta na espiritualidade pessoal ajudou a conservar muitas dessas práticas, apesar dos séculos de dominação estrangeira e mudança social.

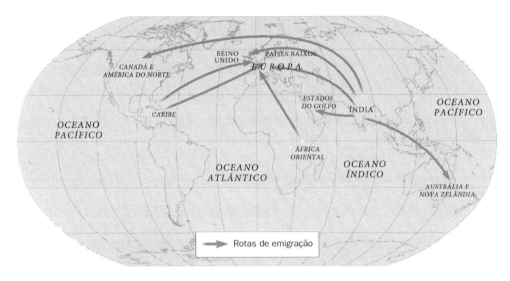

Padrões migratórios hindus na segunda metade do século XX, depois da independência indiana.

como cerimônias de nascimento, iniciação e casamento. A princípio pobre, aos poucos a comunidade hinduísta britânica se firmou em termos sociais e econômicos. No fim do século XX, os hinduístas se destacavam na educação e nas profissões liberais. Muitos templos magníficos foram construídos para substituir as casas paroquiais adaptadas, confirmando o prestígio e a influência crescentes da comunidade hinduísta.

Migração da Índia Na segunda metade do século XX, muitos hinduístas emigraram diretamente da Índia. Grande número deles foi para a América do Norte, principalmente para os Estados Unidos, onde a comunidade hoje é formada por quase 1,5 milhão de pessoas. Ao contrário dos hinduístas britânicos, muitos emigrantes já eram profissionais liberais, como médicos, engenheiros e especialistas em informática que buscavam uma vida mais confortável. Outros indianos foram para a Europa, saídos geralmente do sul da Índia e do Sri Lanka, e estabeleceram ali as tradições hinduístas do sul, antes sub-representadas.

Desde 1965, muitos hinduístas buscaram trabalho nos Estados árabes ricos em petróleo em torno do Golfo Pérsico. Hoje, cerca de um milhão deles mora lá, principalmente no Bahrein, Kwait, Iêmen, Arábia Saudita e Emirados Árabes Unidos. Eles costumam sustentar a família na Índia, onde o dinheiro enviado vale muito mais devido ao custo de vida relativamente baixo.

Líderes e movimentos mundiais Swami Vivekananda foi um saniasi e o primeiro hindu importante a apresentar o hinduísmo ao Ocidente. Em 1893, foi aplaudido de pé em Chicago, nos Estados Unidos, no primeiro Parlamento das Religiões do Mundo. Durante a emigração pós-independência, muitos outros gurus foram ao Ocidente para dar apoio às crescentes comunidades hinduístas. Alguns fundaram movimentos próprios e muitas vezes atraíram seguidores ocidentais.

Boa parte do movimento *hippie* da década de 1960, com sua rejeição das convenções sociais e a busca de uma vida mais espiritualizada, inspirou-se na Índia.

O ioga e a meditação entraram na moda. O movimento da Meditação Transcendental, encabeçado pelo guru Maharishi Mahesh Yogi, atraiu celebridades como os Beatles. As religiões alternativas, muitas vezes de origem oriental, chamaram a atenção de muitos jovens. Entre os grupos religiosos populares, estavam a Sociedade da Vida Divina (fundada por Swami Sivananda), a Missão da Luz Divina (hoje chamada Elan Vital) e seguidores do falecido e controvertido guru Rajneesh (hoje chamado de Osho). Um dos movimentos mais visíveis foi o Hare Krishna, cujos integrantes do sexo masculino raspavam a cabeça, usavam túnicas tradicionais cor de açafrão e cantavam e dançavam nas ruas de cidades do mundo inteiro.

Desde as décadas de 1960 e 1970, outros grupos hinduístas obtiveram popularidade. Entre eles, está o movimento Swaminarayan, do Gujarate, que, em 1995, inaugurou em Londres um impressionante templo de pedra tradicional. A Academia Himalaica é uma tradição xivaísta do sul da Índia famosa pela revista colorida intitulada *Hinduism Today*. Nos anos 2000, um guru chamado Ravi Shankar e sua Fundação Arte de Viver se tornaram influentes.

Alguns grupos e seus líderes não usam a palavra hinduísmo. Para eles, a palavra, criada por estrangeiros, é sectária e reforça as diferenças entre as várias tradições religiosas. Entre eles, estão Sathya Sai Baba, que afirma ser a encarnação tanto de Shiva quanto de Shakti, e a organização Brahma Kumaris, cujos seguidores são principalmente mulheres.

Mulheres gurus
No hinduísmo, espera-se tradicionalmente que as mulheres se casem e sirvam fielmente a seus maridos. Apesar disso, há muitos exemplos de mulheres hinduístas poderosas e assertivas. Algumas, como Sita (esposa de Rama, do Ramaiana), seguiram o costume hindu e trataram estritamente das relações entre homens e mulheres. Outras, como Mirabai,

> **CULTURA HINDUÍSTA**
> A cultura indiana e hinduísta deixou marcas no mundo inteiro. Por exemplo, muitas palavras indianas como *chutney*, pijama e bangalô chegaram a outros idiomas na época do Império Britânico. Mais recentemente, a influência espiritual da Índia ficou visível no uso generalizado de palavras como guru, carma e avatar. A cultura também teve grande impacto na vida ocidental, com o interesse constante pelo ioga e pela meditação, por tratamentos complementares de saúde (como os da medicina aiurvédica) e por acessórios domésticos (como o incenso), adornos da moda (como piercings no nariz) e culinária indiana.

Integrantes do movimento Hare Krishna cantam e dançam em Boston, nos Estados Unidos, no final da década de 1960.

desafiaram as convenções em nome da igualdade espiritual. Algumas tradições (embora não todas) aceitam mulheres como gurus, e hoje há várias, como Ammachi, Nirmala Devi e Madre Meera.

Hinduísmo e política indiana Jawaharlal Nehru, o primeiro primeiro-ministro da Índia, foi sucedido por Lal Shastri e, pouco depois, por Indira Gandhi, filha de Nehru. Em 1984, no segundo mandato desta última, os siques reivindicavam um Estado próprio no Punjabe, e militantes se trancaram no Templo Dourado de Amritsar, o mais sagrado para os siques. Tropas do governo atacaram o complexo, o que enfureceu a comunidade sique. E Indira Gandhi foi assassinada por siques de sua guarda pessoal. A violência subsequente tornou ainda mais tensa a relação antes amistosa entre siques e hinduístas. A tensão entre hinduístas e muçulmanos também continuou. Em 1992, militantes hinduístas destruíram a mesquita de Babri, em Ayodhya, terra natal de Rama segundo a tradição.

O movimento Hindutva, que defende o nacionalismo indiano, continua a ser uma poderosa força política na Índia. O Bharatiya Janata Party (BJP), partido nacionalista hinduísta e conservador, venceu várias eleições desde sua formação em 1980. Em 2014, com maioria absoluta no Parlamento nacional, formou um governo com o primeiro-ministro Narendra Modi.

Identidade hinduísta Para os hinduístas da Índia e do resto do mundo, a interação com outras culturas pôs em questão sua identidade. A própria ideia de que o hinduísmo é uma religião separada e comparável às outras grandes fés é relativamente nova. Os pesquisadores dizem que a palavra hinduísmo só foi cunhada no século XIX. Os nacionalistas hinduístas afirmam

Hinduístas indianos fazem orações especiais pela paz no mundo em Mumbai, em maio de 2004. Mais de quinze mil hindus recitaram mantras enquanto lançavam cereais integrais num fogo sagrado.

ORAÇÃO PELA PAZ MUNDIAL

Que a boa sorte invada todo o universo e que todos os invejosos fiquem em paz. Que todos os seres vivos se satisfaçam praticando bhakti ioga, *pois ao aceitar o serviço devocional pensarão no bem-estar uns dos outros. Portanto, que todos nos dediquemos ao serviço do único Senhor Supremo.*

Bhagavat Purana 5.18.9.

Cerimônia puja *às margens do rio Ganges, em Hardwar, no norte da Índia.*

o contrário e enfatizam que o hinduísmo é uma religião indiana e que a Índia deveria ser um país hinduísta. Outros pensadores insistem que os ensinamentos universais do hinduísmo vão bem além da Índia.

Na tentativa de relacionar os antigos ensinamentos com a vida moderna, os hindus enfrentam outras questões vitais. A ideia dos quatro *varnas* será pertinente na vida de hoje? Na sociedade hinduísta de hoje, as mulheres deveriam ter papel idêntico ao dos homens? Os hindus podem adotar a ciência e a medicina modernas e permanecer fiéis à sua fé?

O hinduísmo como caminho espiritual

Para muitos hinduístas, sua tradição é, primariamente, uma fonte de inspiração espiritual. Eles valorizam o culto e a meditação como meio de se autoaprimorar e construir um mundo melhor.

Inspirados em suas convicções religiosas, muitos hinduístas participam de projetos ambientais. Eles acreditam no carma global (colher os resultados de ações passadas), na unidade de todas as criaturas (já que o *atma* está presente em todos os tipos de vida) e em livrar-se da ganância. Esses princípios os levam a proteger e conservar o planeta.

A maioria dos hinduístas também discorda da proposição de que exista alguma fé única e verdadeira e combatem com firmeza a intolerância e a violência religiosa. Para eles, Deus é o mesmo para todos, apesar dos sistemas de crenças diferentes.

Rumo a um mundo pacífico

O hinduísmo se orgulha de ser uma religião pacífica. Ele ensina que, sem paz interior, não podemos ser felizes. O próprio hinduísmo enfrenta muitos desafios para adaptar seus antigos ensinamentos a um mundo em rápida mudança. Mas continua a ser uma tradição vibrante, exuberante e em evolução. Seus antigos valores, baseados no serviço aos outros e na igualdade espiritual de todas as criaturas, continuam a ser uma contribuição positiva no mundo moderno.

CAPÍTULO 5

BUDISMO

UMA DAS MAIORES RELIGIÕES do mundo, o budismo surgiu no norte da Índia cerca de 2.500 anos atrás, quando um príncipe se transformou em sábio humilde e ensinou ao povo um novo modo de viver. Ele foi chamado de Buda, o "Iluminado". Desde então, desenvolveram-se muitas escolas de budismo, que se espalhou pelo mundo inteiro, tanto na pátria asiática quando em outros continentes. Em cada lugar, o budismo se adaptou e se fundiu com as tradições e crenças locais e passou por muitas mudanças e desafios.

150 BUDISMO

O nascimento de Buda As datas que se costuma dar para a vida de Sidarta Gautama são 563-483 a.C., embora alguns estudiosos prefiram 448-368 a.C., mais de um século depois. De acordo com a tradição, ele era filho do rei Sudodana, chefe do clã Shakya do nordeste da Índia, na fronteira do Nepal de hoje. Na gestação, a rainha Maia, mãe de Sidarta, sonhou que era visitada por um elefante branco. Foi um sinal de que o filho que trazia no ventre estava destinado a ser uma grande pessoa.

A lenda de seu nascimento conta que Sidarta veio à luz na noite de lua cheia de maio num lindo jardim de Lumbini, no Nepal. Muitas histórias deixam claro que não foi um parto comum. Dizem que os deuses cobriram o bebê de pétalas de flores e que um terremoto tonitruante sacudiu a Terra. Sete dias depois, a rainha Maia morreu, e Sidarta foi criado pela tia no palácio do pai.

Uma vida de luxo Pouco depois do nascimento de Sidarta, um sábio chamado Asita foi ao palácio visitar o bebê e previu o futuro de Sidarta. Ele disse ao rei que seu filho cresceria e seria um grande governante ou um grande mestre, dependendo do que descobrisse sobre o sofrimento na vida. O rei decidiu que Sidarta teria de reinar depois dele e tentou manter o menino longe de todo sofrimento. Ele mantinha Sidarta dentro de seu magnífico palácio, abrigado do mundo externo e cercado pelas mais belas coisas. Como parte de sua educação, Sidarta aprendeu as habilidades necessárias para ser rei e guerreiro, como arquearia, esgrima e equitação. Com 16 anos, de acordo com a lenda, ele se casou com Yashodara,

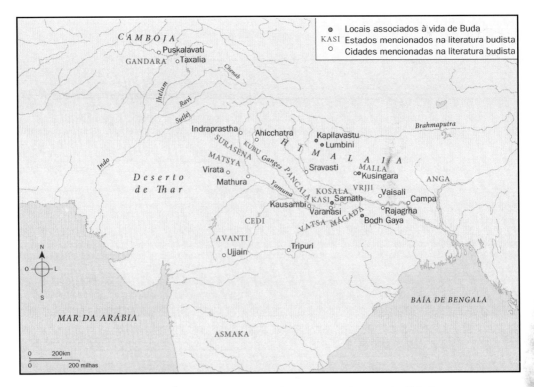

Principais cidades do norte da Índia e do Nepal na época do nascimento de Sidarta, que cresceu no palácio do pai em Kapilavastu.

princesa de um reino vizinho. Segundo os costumes da época, ele conquistou a mão da esposa num torneio de arco e flecha.

As quatro visões Durante muitos anos, Sidarta viveu com grande conforto. Sob a supervisão atenta do rei, ele levava uma vida muito protegida e nunca assistira a nenhum tipo de sofrimento. Mas, com 29 anos, o príncipe teve uma experiência que mudou sua vida. Em desobediência às ordens do pai, ele levou sua charrete além das muralhas do palácio. Lá, viu um velho, um doente e um cadáver. Ele nunca vira tanto sofrimento e ficou profundamente chocado. Depois, viu um santo itinerante. Esse homem abrira mão do lar e das posses materiais, mas parecia feliz e contente.

Sidarta decidiu seguir o exemplo do santo e dedicar sua vida à busca de um modo de dar fim ao sofrimento. Naquela noite, ele saiu de casa em segredo, cortou o cabelo comprido e trocou suas belas roupas por farrapos. A partir de então, viveria como santo itinerante, sem dinheiro, sem pertences e sem casa.

Esta escultura cambojana em pedra mostra o nascimento de Sidarta Gautama, que mais tarde se tornou Buda, no jardim de Lumbini, no Nepal.

SIDARTA E O HINDUÍSMO

Quando Sidarta nasceu, a principal religião do noroeste da Índia era o hinduísmo. Talvez Sidarta tenha sido criado como hinduísta, embora não haja certeza. Mais tarde, como Buda, ele criticou o poder da classe superior de sacerdotes hindus e a natureza formal do hinduísmo, que parecia excluir as pessoas comuns. Buda ensinou que seu caminho estava aberto a todos. Não importava que a pessoa fosse rica ou pobre, que profissão tivesse ou a que setor da sociedade pertencesse.

152 BUDISMO

A busca da verdade Sidarta passou um período com dois mestres religiosos para aprender a meditar. Depois, morou seis anos na floresta com um grupo de cinco santos. A vida deles era duríssima, e eles acreditavam que era esse o caminho da sabedoria. Sidarta passou por uma série de dificuldades terríveis (ver o quadro na página oposta), que não o ajudaram em sua busca.

Iluminação Finalmente, fraco e exausto, Sidarta deixou seus companheiros e foi até a aldeia de Bodhi Gaia, no nordeste da Índia. Certa noite, sentou-se embaixo de uma alta árvore de Bodhi para meditar e prometeu não se mexer até descobrir a verdade. De acordo com a lenda, durante a noite Sidarta foi visitado por Mara, "o cruel", que queria tentá-lo a se afastar da busca. Mas nada que Mara dissesse ou fizesse perturbou a decisão de Sidarta, que, quando a noite terminou, finalmente encontrou as respostas que procurava. Ele percebeu a verdadeira causa do sofrimento e o que poderia fazer para ajudar. Tornou-se Buda, o "Iluminado".

O primeiro ensinamento Depois da iluminação, Buda passou vários dias meditando e pensando em suas experiências com uma profunda sensação de paz e alegria. Foi nessa época que encontrou seus primeiros seguidores: dois mercadores de passagem que lhe levaram comida. Ele decidiu transmitir o que aprendera a seus primeiros mestres de meditação, mas, ao descobrir que já tinham morrido, foi procurar os cinco santos que lhe tinham feito companhia na floresta. Ele os encontrou no parque de veados de Sarnath, no norte da Índia, e lhes deu seus primeiros ensinamentos, explicando-lhes a causa do sofrimento. Esses ensinamentos são as chamadas Quatro Nobres Verdades. Buda ensinou que todos passam por sofrimento na vida e que esse sofrimento é causado pela falta de contentamento com o que temos. No entanto, há um modo de acabar com o sofrimento: seguir o Nobre Caminho Óctuplo.

O NOBRE CAMINHO ÓCTUPLO

Buda aprendeu que nem o luxo nem o sofrimento levam à felicidade. Entre esses dois extremos, ele ensinou o caminho do meio – o Nobre Caminho Óctuplo ou os Oito Nobres Caminhos. Esse caminho tem oito partes:

1. Compreensão correta: ver as coisas de forma desapegada, com a mente aberta e flexível, evitando ilusões e preconceitos.
2. Intenção correta: livrar-se de características que sejam sabidamente erradas ou imorais.
3. Fala correta: abster-se de mentir, de dizer coisas agressivas ou divisivas e de conversa fiada.
4. Ação correta: não roubar, não matar e não fazer nada que possa prejudicar ou irritar os outros.
5. Vida correta: ganhar a vida de modo a não prejudicar ninguém.
6. Esforço correto: esforçar-se para ser bom e compassivo e evitar ações erradas ou prejudiciais.
7. Atenção correta: ter consciência dos próprios atos e pensamentos.
8. Concentração correta: treinar a mente para ser calma e clara..

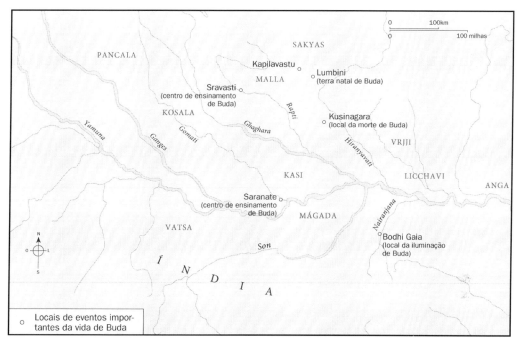

Acima: Local dos principais eventos da vida de Buda. Ele nasceu em Lumbini, obteve a iluminação em Bodhi Gaia, começou seus ensinamentos em Sarnath e morreu em Kushinagar.

GRANDES DIFICULDADES

Eu ingeria comida apenas uma vez por dia, ou uma vez a cada dois a sete dias. Vivi das raízes e frutos da floresta, comendo apenas os que caíam por conta própria. Usei roupas ásperas e trapos de um monte de lixo. Tornei-me aquele que sempre fica em pé e nunca se senta. Fiz minha cama nos espinheiros. O pó e a sujeira dos anos se acumularam sobre meu corpo. Por comer tão pouco, meus membros ficaram como os nós das juntas de insetos magros, minha espinha se destacava como um rosário e minhas costelas pareciam as vigas de um abrigo arruinado.

Dos Maha-Saccaka Suttass

À esquerda: O templo Mahabodhi, em Bodhi Gaia, na Índia, onde Buda alcançou a iluminação, é encimado por uma torre piramidal de cinquenta metros de altura. Dentro do templo há uma grande imagem dourada de Buda.

154 BUDISMO

Criação da sanga Buda passou os 45 anos seguintes viajando pelo nordeste da Índia, ensinando a todos. Muitos seguidores seus dedicaram a vida ao budismo. Tornaram-se monges e monjas e formaram a sanga. (Para alguns budistas, a sanga também inclui leigos.) Nessa época, Buda ajudou muita gente a alcançar a iluminação. Essas pessoas se tornaram arhats, ou os "dignos", e Buda mandou que ensinassem. Entre eles estava o pai do próprio Buda. Rahula, filho único de Buda, foi ordenado monge.

Falecimento Com 80 anos, Buda morreu: adoeceu com uma infecção intestinal e morreu num bosque perto da cidade de Kushinagara, no norte da Índia. Antes de morrer, disse aos monges que não se entristecessem e lhes recordou o ensinamento de que tudo muda e tudo passa. Buda não nomeou sucessor e disse aos monges que, a partir de então, os ensinamentos seriam seu guia. Depois da morte de Buda, os monges fizeram em sua homenagem uma cerimônia que durou seis dias e cremaram seu corpo. As cinzas foram divididas em oito partes e dadas a oito governantes, que construíram sobre as relíquias monumentos com abóbadas chamados estupas.

Primeiro Concílio Budista Os ensinamentos de Buda não foram registrados por escrito durante sua vida, todavia foram decorados por seus seguidores e transmitidos boca a boca. De acordo com a tradição, pouco depois da morte de Buda um concílio de quinhentos monges foi convocado na aldeia de Rajagrha, no nordeste da Índia, para organizar o conteúdo de seus ensinamentos. Duas coletâneas de ensinamentos foram recitadas de cor por Upali e Ananda, dois monges mais velhos. Acredita-se que essas duas coletâneas representem os ensinamentos autênticos do Buda. No entanto,

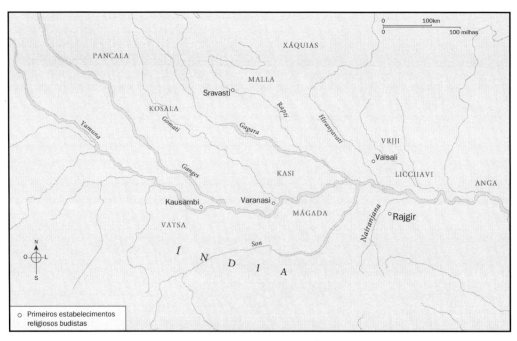

Primeiros estabelecimentos religiosos budistas no norte da Índia, centros importantes de formação budista dada tanto pelo próprio Buda quando pela sanga *de monges.*

as coletâneas só foram registradas por escrito vários séculos depois.

Segundo Concílio Budista

Cerca de cem anos depois do primeiro, o Segundo Concílio Budista se realizou na cidade de Vaishali, no nordeste da Índia. Com o passar dos anos, começaram a surgir diferenças na prática e nos ensinamentos. Na verdade isso não surpreende, porque a sanga não era um grupo único e se compunha de muitas unidades fechadas, com escolas de pensamento diferentes. A principal disputa no Segundo Concílio se deveu às regras de vida para monges e monjas. Alguns grupos seguiam as regras menos estritamente do que outros; por exemplo, aceitavam dinheiro em vez de doações de comida.

A VIDA DA SANGA

A vida cotidiana de Buda e seus monges e monjas está registrada nos textos sagrados budistas. O membro da *sanga* possuía apenas uma túnica e uma vasilha para pedir esmolas. Pela manhã, levantava-se bem cedo e começava a ronda diária de esmolas, na qual recebia dos habitantes comida e outras dádivas. A refeição única acontecia ao meio-dia. À tarde e à noite, os monges escutavam palestras de Buda ou de outro monge importante e depois meditavam até tarde da noite. A *sanga* se deslocava constantemente de um lugar a outro, a não ser na estação das chuvas, quando se abrigavam em prédios que se tornaram os primeiros mosteiros.

Muitos budistas seguiram os passos de Buda e se tornaram monges como ele. Este jovem monge estuda os textos sagrados num mosteiro de Mianmar (Birmânia).

Surge o cisma No Segundo Concílio Budista ou, talvez, algum tempo depois, essa discordância fez a sanga se dividir em dois grupos ou escolas: Teravada ("aqueles que seguem o caminho dos anciãos") e Mahasanghika, "a grande assembleia", precursora da escola Maaiana (ver o quadro à direita).

Disseminação do budismo Nos séculos que se seguiram à morte de Buda, seus seguidores continuaram a espalhar seus ensinamentos pela Índia e além dela, e missionários partiram para outros países asiáticos, onde se formaram prósperas comunidades budistas. Ao mesmo tempo, muitos monges estrangeiros foram estudar nas grandes universidades budistas da Índia. Nesse período, o budismo se tornou a principal religião de boa parte da Índia, muitas vezes com apoio de reis indianos e estrangeiros.

DUAS GRANDES ESCOLAS

Os budistas teravadas afirmam que os ensinamentos puros de Buda, inalterados há séculos, estão registrados numa escritura chamada Tipitaka. Eles acreditam que Buda era um ser humano, embora muito especial. Os budistas maaianas seguem os ensinamentos de Buda e de outros mestres budistas iluminados e têm muitos textos sagrados adicionais. Também cultuam personagens míticos semelhantes a deuses chamados *bodissatvas* que, por compaixão, escolhem ajudar os outros a superar o sofrimento. O budismo teravada se espalhou pelo sul até Sri Lanka, Mianmar, Laos, Tailândia e Camboja. O budismo maaiana se espalhou para o norte até Tibete, China, Coreia, Japão e Vietnã.

De acordo com a tradição, Buda estava deitado de lado quando faleceu. É a chamada parinirvana *(passagem para o nirvana).*

BUDISMO

Este Buda em pé de Gandara mostra a mistura de estilos grego e indiano.

sobreviveu até o século XI, quando foi conquistado por invasores muçulmanos.

Os artesãos de Gandara produziram as primeiras imagens de Buda por volta do século I d.C. Antes disso, o Buda não era representado em pessoa, mas por símbolos como um trono vazio, uma estupa, uma árvore de Bodhi, uma pegada ou um animal. O estilo dessas primeiras imagens sofreu forte influência da arte grega. Os artesãos gandaranos misturaram o estilo indiano com o grego para produzir estátuas graciosas, envoltas

Gandara Em 326 a.C., o general macedônio Alexandre, o Grande, conquistou o noroeste da Índia. Criou-se na região o reino helênico de Gandara. Logo, missionários budistas se puseram a trabalhar lá e, finalmente, obtiveram o apoio de governantes locais como o rei Milinda (ver o quadro). Gandara chegou ao ponto máximo entre os séculos I e V d.C., com os reis cuxanos budistas. Lá também se criou na cidade de Taxila a primeira grande universidade budista, que atraiu estudiosos de regiões distantes e se tornou uma base importante para os missionários budistas que viajavam para a Ásia central. Gandara

AS PERGUNTAS DE MILINDA

Muitos governantes gregos foram influenciados pelo budismo, como o rei Milinda (governou de 155 a 130 a.C.). Dizem que houve um famoso debate sobre budismo entre Milinda (versão indiana do nome grego Menandros) e o grande mestre e monge Nagasena. O rei fez a Nagasena uma série de perguntas sobre os ensinamentos de Buda. Dizem que ficou tão impressionado que se converteu ao budismo. O debate está registrado num importante texto budista chamado "As perguntas do rei Milinda".

em túnicas compridas e esvoaçantes. Os mercadores que passavam por Gandara levaram essa arte consigo em suas viagens pela Ásia central e pela China.

BUDISMO

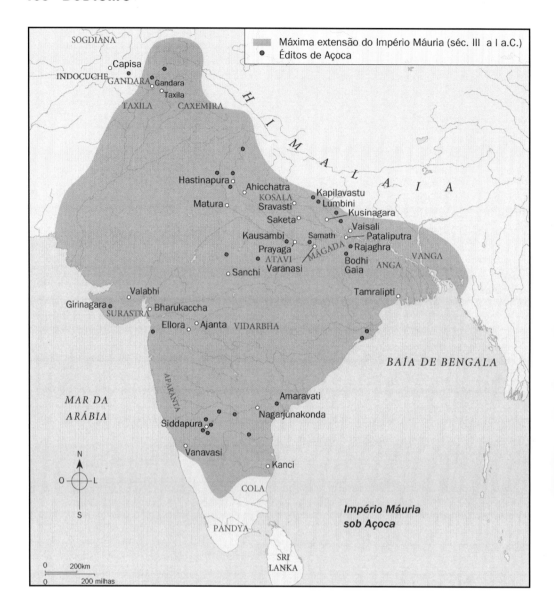

O Império Máuria Por volta de 321 a.C., um líder chamado Chandragupta Máuria conquistou a região do norte da Índia onde Buda ensinara e fundou o grande Império Máuria. Chandragupta fez de Pataliputra (atual Patna) sua capital. O império chegou à extensão máxima com seu neto Açoca, que governou de 265 a 232 a.C. Logo, a maior parte da Índia, com exceção do extremo sul, caiu sob o domínio máuria. Por volta de 260 a.C., Açoca iniciou uma campanha especialmente impiedosa contra a região de Calinga, no litoral leste. Era um dos poucos lugares da Índia a resistir aos máurias. De acordo com alguns relatos, cem mil pessoas morreram na batalha e milhares foram feridos ou aprisionados. Depois, Açoca se encheu de remorso. Como reparação, converteu-se ao budismo.

Açoca e o budismo Açoca se tornou o maior patrono e defensor do budismo na Índia antiga. Durante seu governo, todos os centros budistas existentes se expandiram muito, e novos mosteiros e estupas foram construídos. O mais importante foi que Açoca prometeu criar uma sociedade não baseada na guerra e na violência, mas nos princípios budistas de paz e compaixão. Ele mesmo tentou dar o exemplo. Viajou muito pelo império para ouvir a opinião de todos sobre o que poderia tornar a vida mais fácil. Em resposta, ele construiu os tão necessários poços e reservatórios, abriu hospitais gratuitos para os pobres, plantou árvores e ofereceu serviços de bem-estar aos prisioneiros. Abandonou a caça, seu esporte favorito, e peregrinou até lugares sagrados ligados à vida de Buda. Também mandou missionários partirem da Índia para espalhar os ensinamentos de Buda.

> **ÉDITOS DE AÇOCA**
>
> Em todo o império, Açoca mandou esculpir uma série de éditos em faces rochosas e pilares de arenito, escritos no antigo idioma indiano magadi e decifrados pela primeira vez em 1837 pelo estudioso britânico James Prinsep. Ficavam nas fronteiras do império e em lugares ligados a Buda. Alguns éditos falavam da conversão de Açoca ao budismo. Outros explicavam os ensinamentos de Buda e diziam ao povo que se comportasse de acordo, levasse uma vida moral e responsável, ajudasse os outros, fosse generoso e verdadeiro e não matasse nem ferisse seres vivos. Foram nomeadas autoridades especiais para viajar pelo império explicando os ensinamentos de Buda.

O Império Cuxana Depois da morte de Açoca em 231 a.C., o Império Máuria começou a se desfazer e finalmente desmoronou em 184 a.C. Após um período de agitação, a Índia foi invadida pelo povo cita da Ásia central, que fundou o Império Cuxana. Seu rei Kanishka (governou de cerca de 78 a 102 d.C.) foi um grande partidário do budismo e, por volta do ano 100, convocou os budistas para um Quarto Concílio em Caxemira. (O Terceiro Concílio, convocado por Açoca, realizou-se em Pataliputra por volta de 250 a.C.) Desde o colapso do Império Máuria, o budismo tinha se dividido em 18 escolas. A meta do Quarto Concílio era reunir essas escolas e aprovar um novo conjunto de escrituras, redigidas

O Capitel do Leão de Açoca, antes num pilar e agora no museu de Saranate.

160 BUDISMO

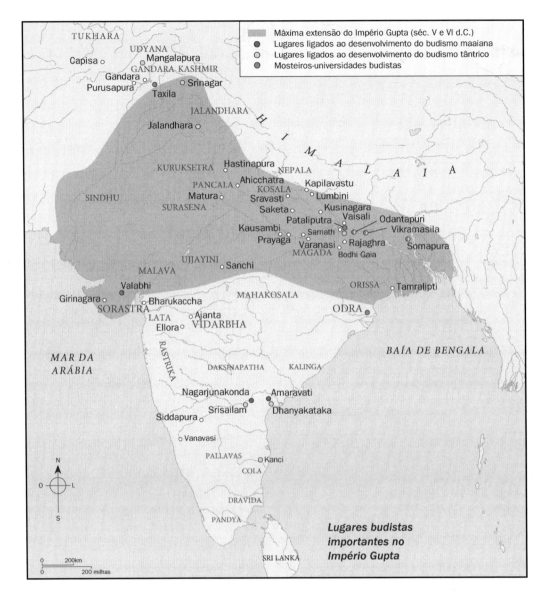

Lugares budistas importantes no Império Gupta

em sânscrito, a antiga língua religiosa da Índia. Essas escrituras passaram a ser associadas à escola Maaiana.

O Império Gupta Com o declínio do Império Cuxana, Chandra Gupta I (320-c. 330 d.C.) formou o Império Gupta no norte da Índia. Com os guptas, começou uma idade do ouro para a cultura e a história indianas. A literatura, as artes plásticas e a religião prosperaram, e, embora em geral os guptas fossem hinduístas, o budismo teve apoio do rei. Grandes universidades budistas foram criadas em Nalanda (ver quadro) e outros locais. Novos textos budistas foram escritos, e criaram-se muitas belas obras de arte, como as pinturas dos templos budistas das cavernas de Ajanta, no oeste da Índia, que podem ser vistas ainda hoje. O Império Gupta durou até o século VI d.C., quando foi atacado pelos hunos, um povo da Ásia central.

Declínio do budismo Os hunos destruíram muitos centros budistas do noroeste da Índia, inclusive Taxila. Nos séculos seguintes, o budismo sobreviveu, mas não recebeu mais apoio dos monarcas. Mas foi a série de ataques devastadores de muçulmanos do Afeganistão, a partir do século XI, que finalmente deu fim a 1.700 anos de budismo na Índia. A natureza não violenta do budismo fez dele um alvo fácil para os exércitos muçulmanos. Os mosteiros foram destruídos e, em 1199, Nalanda foi totalmente queimado e seus monges, chacinados. Desde então, o budismo nunca se recuperou na Índia, e o hinduísmo hoje é a principal religião do país. A Índia ainda atrai peregrinos budistas do mundo inteiro para visitar seus locais sagrados, mas em 1991 apenas 1% dos indianos se dizia budista.

Sri Lanka (Ceilão) Embora declinasse em sua pátria indiana, o budismo prosperou em outros lugares, graças, principalmente, às iniciativas de Açoca muitos séculos antes. Ele mandou monges missionários espalharem os ensinamentos de Buda. O primeiro país aonde chegaram, por volta de 250 a.C., foi a ilha do Ceilão.

Supostamente, os missionários eram comandados por Mahinda, filho do próprio Açoca que se tornara monge budista. Ele converteu o rei Tissa ao budismo, religião que logo deitou raízes e se tornou a principal da ilha. Mais tarde, a monja Sanghamitta, filha de Açoca, visitou o Ceilão e levou consigo uma muda da árvore de Bodhi original sob a qual Buda alcançara

---

UNIVERSIDADE DE NALANDA

A maior universidade do mundo budista ficava em Nalanda (no moderno estado indiano de Bihar). Talvez já existisse na época em que Buda era vivo. Em seu ponto máximo, no século V d.C., a instituição atraía mais de dez mil alunos e mil e quinhentos professores de toda a Índia e da Ásia. Os temas de estudo incluíam as escrituras budistas, hinduísmo, filosofia, astronomia, matemática e medicina. Um dos professores mais famosos de Nalanda foi o monge Nagarjuna (século II d.C.) que fundou a influente escola Madiamaka (Caminho do Meio) de budismo maaiana. Seu principal ensinamento era o conceito budista de *suniata* (vazio), a ideia de que nada existe por si só e que tudo depende de outras coisas e causas.

As ruínas da grande universidade budista de Nalanda, em Bihar, na Índia.

a iluminação. Ela foi plantada na capital Anuradhapura, onde está até hoje.

No século II a.C., invasores tâmeis da Índia governaram partes do Ceilão e o budismo sofreu. Muitos monges fugiram ou morreram. Foi mais ou menos nessa época que o Tipitaka foi registrado por escrito para que não se perdesse, pois não havia mais monges suficientes que o recordassem por inteiro.

Entre os séculos I e VII d.C., o budismo prosperou no Ceilão. Mas, do século VII ao XII, reis do sul da Índia invadiram a ilha e o budismo declinou. Em 1070, o rei Vijayabahu (governou de 1055 a 1110) recapturou a ilha e se esforçou para restaurar o budismo, que estava em condições tão ruins que foi preciso trazer uma ordem de monges de Mianmar para formar uma nova *sanga*. No século XII, o rei Parakramabahu (governou de 1153 a 1186) construiu muitos magníficos mosteiros e estupas budistas na nova capital Polonnaruwa.

MOSTEIROS RIVAIS

Para Mahinda e seus monges, o rei Tissa construiu o Mahavihara (Grande Mosteiro) em Anuradhapura. O Mahavihara se tornou a sede do budismo teravada. Mas, no século I a.C., a posição dos monges foi ameaçada quando outro mosteiro, o Abaiagiri, foi construído e associado ao budismo maaiana. Começou uma rivalidade feroz entre os dois mosteiros. Mas o budismo maaiana não durou muito no Sri Lanka, e no século XII Abaiagiri declinou. O Sri Lanka continua a ser um país teravada.

Com a chegada de europeus à ilha nos séculos XVI e XVII, o budismo voltou a sofrer quando eles tentaram converter os ilhéus ao cristianismo. Houve novo florescimento no século XVIII, quando se formaram várias ordens monásticas novas.

De 1796 a 1948, o Ceilão fez parte do Império Britânico e atraiu seguidores que ajudaram a espalhar o budismo no Ocidente.

Hoje, 2.300 anos depois, o Ceilão (Sri Lanka) continua a ser um país orgulhosamente budista e pátria da tradição Teravada. Cerca de 80% dos habitantes são cingaleses, a maioria deles budistas. Com cerca de quinze mil monges na ilha, a *sanga* permanece no centro da vida

Santuário budista em Mihintale, no Sri Lanka, onde Mahinda conheceu o rei da ilha.

Imagem de Buda sentado perto de uma estupa no terraço superior de Borobudur. O monumento tem mais de quatrocentas imagens de Buda.

BOROBUDUR

O monumento budista de Borobudur foi construído num morro, com a forma de uma gigantesca pirâmide em degraus com seis andares de altura. Há uma estupa no cume. Abaixo dela há três terraços circulares que representam os estágios rumo à iluminação. O monumento inteiro tem a forma de uma flor de lótus, um símbolo sagrado do budismo.

budista, e os monges são respeitadíssimos pela comunidade.

Indonésia De acordo com a tradição, os primeiros budistas a chegar ao sudeste da Ásia foram missionários enviados por Açoca no século III a.C. Eles percorreram rotas comerciais marítimas até a "Terra do Ouro", provavelmente o litoral oeste da Indonésia. O budismo realmente começou a causar impacto na Indonésia no século I d.C., quando muitos indianos se instalaram lá.

Entre 600 e 800 d.C., Sumatra foi governada pela cidade-estado predominantemente budista de Srivijaya, onde já havia comunidades teravadas, embora as comunidades maaianas chegassem pouco depois. Atisha, o grande mestre budista indiano, estudou em Srivijaya no século XII e os alunos saíam da Indonésia para estudar na Universidade de Nalanda. A Indonésia também era um ponto de parada regular para os monges budistas chineses a caminho da Índia. Em Java, tanto o budismo quanto o hinduísmo atraíram seguidores, e o budismo se tornou a religião dominante. No século VIII, os reis Shailendra chegaram ao poder e foram fortes patronos do budismo maaiana. Sua capital Palembang se tornou um grande centro de ensino budista. Por volta de 800 d.C., os Shailendra patrocinaram a construção de Borobudur (ver quadro acima).

A partir do século XIII, o islamismo se tornou a principal religião da Indonésia, embora uma mistura de budismo e hinduísmo ainda sobreviva em Bali e em partes de Java. No século XX, o budismo voltou a crescer, e hoje há cerca de três milhões de budistas na Indonésia.

164 BUDISMO

Mianmar O budismo só se estabeleceu na Birmânia, hoje Mianmar, no período Mon, do século V ao X d.C. O povo mon do sul de Mianmar seguia a tradição teravada, assim como o povo pyu do centro do país. O budismo maaiana pode ter chegado antes do teravada, mas não se enraizou.

No século XI, o rei Anuruddha (governou de 1044 a 1077) derrubou os mon e unificou o país. Em seu governo, o budismo teravada se estabeleceu com firmeza. Anuruddha construiu Pagan, sua capital, ainda famosa pelas extraordinárias ruínas budistas. Mais tarde, Mianmar foi invadida pelos tailandeses, que adotaram o budismo teravada. Em 1886, o país passou a fazer parte do Império Britânico. Para muita gente de Mianmar, o budismo se tornou um poderoso símbolo de identidade nacional nos períodos em que foram governados por potências estrangeiras.

> **MIANMAR HOJE**
> O budismo continua a ser a religião oficial de Mianmar, praticada por cerca de 85% da população. Apesar do rígido governo militar do país, o budismo continua a prosperar, com milhares de monges e monjas e cerca de seis mil mosteiros.

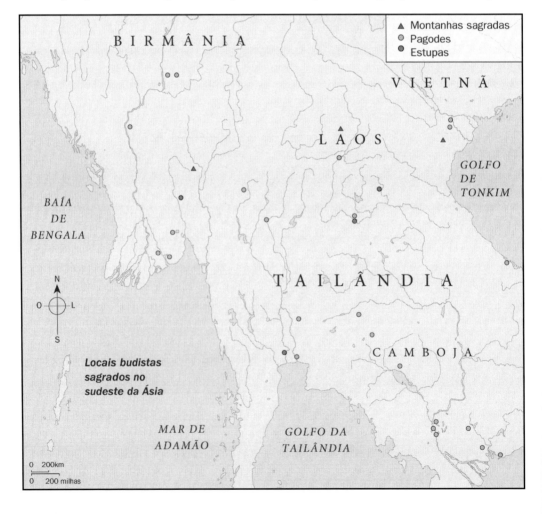

Locais budistas sagrados no sudeste da Ásia

Vietnã, Camboja e Laos Missionários teravada podem ter chegado por mar ao Vietnã já no século II d.C., mas a história do budismo naquele país começa realmente em 580 d.C. Vinitaruci, monge budista indiano que estudou na China, chegou ao Vietnã levando consigo o budismo maaiana, que logo se espalhou pela região. Em 939 d.C., quando o país foi unificado, o budismo maaiana se tornou a religião oficial. Duas escolas de budismo maaiana chinês — Chan (Zen) e Terra Pura — se tornaram especialmente populares. O budismo tinha bastante apoio dos reis vietnamitas, que regularmente nomeavam monges para cargos importantes na corte. Nos séculos seguintes, o budismo se ligou intimamente ao nacionalismo vietnamita. De 1883 a 1954, o Vietnã ficou sob domínio francês, e dois movimentos budistas tiveram seu papel na luta pela independência: a Associação Budista Central Vietnamita e a Associação Geral do Budismo no Vietnã.

No século IX d.C., o Camboja tinha laços fortes com a Índia e a China, mas os governantes *khmer* preferiam o hinduísmo ao budismo. No entanto, isso mudou no reinado de Jayavarman VII (governou de 1181 a c. 1215). Ele se converteu ao budismo maaiana, e o país se tornou budista. A partir do século XIII, o Camboja sofreu várias invasões tailandesas. Portanto, talvez por influência dos invasores, os reis do Camboja se tornaram budistas da linha teravada. Nessa época, o vizinho Laos caiu sob o controle do *khmer*, dos tailandeses e de Mianmar. Quando o Laos recuperou a independência em 1350, o budismo teravada foi introduzido, e o rei convidou monges do Camboja e do Sri Lanka para serem assessores na corte.

Tailândia O reino tailandês de Sukhothai, que durou do início dos anos 1100 até 1350 d.C., adotou o budismo teravada de Mianmar. Mas só com a fundação do reino de Aiutaia em 1350 o budismo se tornou a religião oficial, com o rei como chefe da sanga. Outros reis continuaram a proteger, apoiar e reformar o budismo. O rei Rama IV (governou de 1851 a 1868) passou 25 anos como monge antes de subir ao trono. Ele revisou os textos sagrados e criou uma nova ordem monástica. O rei Rama V (governou de 1868 a 1910) manteve essa política e aprovou três "Leis da Sanga" para estabelecer os deveres dos monges, principalmente nas áreas de assistência médica e educação.

Os laços fortes entre o rei tailandês e a *sanga* existem até hoje. O rei não tem mais tanto poder, mas ainda é o chefe honorário da *sanga*. Enquanto isso, o governo supervisiona a organização da *sanga*. O budismo

Na Tailândia, um jovem monge recolhe esmolas de um budista diante de um mosteiro. O budismo continua fortíssimo no país.

continua fortíssimo na Tailândia, mesmo com o país se ocidentalizando. Cerca de 94% da população são budistas. Muitos homens tailandeses passam um período na *sanga* como parte de sua formação. Isso ajudou a fortalecer a relação entre os budistas leigos e a *sanga*.

China O budismo chegou à China por volta do século I d.C., levado provavelmente por mercadores que partiam da Índia e atravessavam a Ásia central na importante Rota da Seda. A princípio, não foi aceito facilmente. Os chineses já tinham suas tradições religiosas bem estabelecidas, principalmente o confucionismo e o taoísmo. No entanto, alguns textos budistas foram traduzidos para o chinês, e chineses quiseram pertencer à sanga. O taoísmo continuou popular na aristocracia, mas o budismo atraiu o povo comum. No século IV d.C., havia 24.000 monges budistas e quase dois mil mosteiros na China.

Esculturas de pedra nas grutas de Longmen, um dos locais budistas mais importantes da China.

Os séculos VI a IX d.C. foram uma época de ouro para o budismo chinês. Nesse período, desenvolveram-se na China muitas escolas de budismo maaiana. No século IX, começou um ataque contra o poder e a riqueza dos mosteiros budistas. O budismo

> **MONGES PEREGRINOS**
> Para recolher textos budistas e traduzi-los para o chinês, vários monges chineses fizeram viagens longas e difíceis até a Índia. Fa Hsien (338-422 d.C.) partiu em 399. Depois de atravessar o deserto de Taklamakan e os montes Pamir, que, segundo se dizia, abrigavam dragões que cuspiam veneno, ele finalmente chegou à Índia. Mais de duzentos anos depois, outro monge, Hsuan Tsang (602-664 d.C.), seguiu as pegadas de Fa Hsien. Hsuan Tsang visitou muitos locais budistas da Índia, como a Universidade de Nalanda, e levou de volta à China tantos textos que precisou de vinte cavalos para carregar tudo.

BUDISMO 167

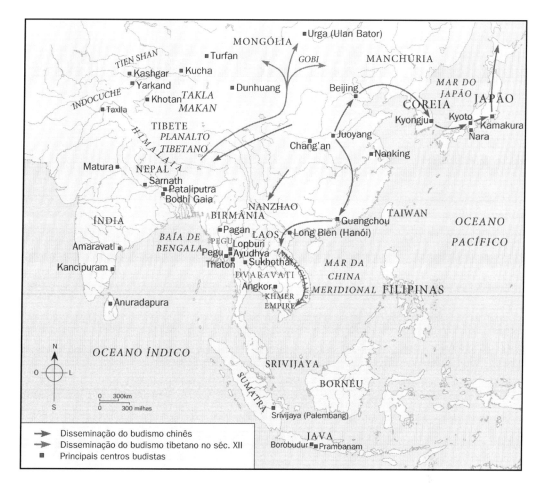

Disseminação do budismo na China, no Japão e na Coreia.

sobreviveu, mas se enfraqueceu muito. No século XII, perdeu para o confucionismo, que se tornou a religião oficial do Estado.

As duas escolas mais populares do budismo chinês eram a Ching t'u (Terra Pura) e Chan (em japonês, Zen). A Terra Pura se baseia no culto do Buda Amitaba, que viveria na Terra Pura, um lugar celestial. Quem tem fé em Amitaba e canta seu nome renascerá na Terra Pura. Quem lá renasce é capaz de avançar facilmente rumo à iluminação. A tradição diz que a escola Chan foi levada para a China pelo monge indiano Bodidarma, no início do século VI d.C. Nela, usa-se a meditação como meio de vivenciar a realidade e ver o mundo como realmente é.

Em 1949, a China se tornou um país comunista. O budismo e outras religiões foram duramente suprimidos. Essa perseguição foi mais violenta na Revolução Cultural (1966-1969), quando o budismo foi praticamente eliminado. Na década de 1980, alguns templos budistas foram reconstruídos, e as organizações budistas reviveram. Mas esse renascimento foi interrompido no final da década, quando o governo comunista voltou a atacar o budismo.

Coreia O budismo foi levado para a Coreia no século IV d.C., por monges chineses que levaram consigo textos e imagens budistas e construíram vários mosteiros. Na dinastia Silla (618-935 d.C.), o budismo recebeu apoio dos monarcas, o que o ajudou a prosperar. Monges Silla foram à China e à Índia para buscar os ensinamentos mais recentes. O budismo continuou a prosperar durante a dinastia Goryeo (918-1392). O rei Taejo, o primeiro dessa dinastia, era um budista devoto que construiu dez grandes mosteiros em sua capital. Monges importantes eram nomeados assessores reais, e era comum membros da família real se tornarem monges. Uma nova edição das escrituras coreanas, com mais de cinco mil volumes, foi reunida e impressa, e os mosteiros se tornaram riquíssimos e poderosos.

Seu poder se reduziu muito na dinastia Joseon (1392-1910), quando foram criadas regras mais estritas para os monges. Mesmo assim, o budismo continuou a ser apoiado pelos monarcas durante muitos anos. De 1910 a 1945, a Coreia caiu sob controle japonês. Os mosteiros se dividiram, e houve conflitos entre os vários grupos de monges. O monge Han Yongun (1879-1944) fez uma campanha intensa para proteger o budismo coreano. Depois da Segunda Guerra Mundial, o país foi dividido em Coreia do Norte e Coreia do Sul. O governo comunista do norte perseguiu a religião e o budismo quase foi eliminado, mas no sul ele continua forte.

Japão O budismo maaiana foi da Coreia ao Japão no século VI d.C. Um rei coreano mandou ao imperador japonês uma missão que incluía monges budistas com textos e imagens de Buda. No reinado do príncipe

> **CHINUL E CHOGYE**
>
> Um dos budistas coreanos mais importantes foi o monge Chinul (1158-1210). Ele se tornou monge son (chan) quando tinha 7 anos. Passou por todos os exames monásticos, mas, em vez de ocupar uma alta posição na *sanga*, decidiu formar uma escola budista própria chamada Chogye, que atraiu muitos seguidores, inclusive o rei. Quando Chinul abriu o Mosteiro Suson em 1205, o rei declarou cento e vinte dias de festa nacional. A escola Chogye continua a ser a principal da Coreia, e o mosteiro Suson ainda é um centro importante do budismo coreano.

Lanternas coloridas penduradas diante do templo budista de Bulguksa, em Gyeongju, na Coreia.

BUDISMO

Shotoku (governou de 574 a 622), o budismo prosperou no Japão ao lado do xintoísmo, a antiga religião japonesa. Shotoku construiu templos e mosteiros budistas e fez do budismo a religião oficial. No século VIII, duas formas de budismo chinês, a escola tendai e a shingon, se tornaram populares. Ambas tinham sua sede japonesa em mosteiros no alto de montanhas. Nos séculos XII e XIII, desenvolveram-se novas escolas, como a Zen. Os mosteiros zen tiveram papel importante na proteção dos ensinamentos do budismo durante os agitados séculos XIV e XV, quando houve muitas guerras entre senhores rivais. Nos séculos XVI e XVII, missionários cristãos chegaram ao Japão. Para preservar o budismo, o imperador ordenou a todos os japoneses, religiosos ou não, que se registrassem num mosteiro budista.

Um dos grandes mestres do budismo japonês foi o monge Nichiren (1222-1282). Ele estudou no grande mosteiro tendai do monte Hiei, perto de Quioto, mas partiu para criar sua escola própria de budismo. Ele simplificou os ensinamentos tendai para se concentrar no *Sutra do Lótus*, um dos principais textos maaianas, e ensinou a seus seguidores que bastava entoar o nome do Sutra do Lótus para purificar a mente. Nichiren foi frequentemente perseguido devido aos ataques declarados a outros grupos budistas. Ele escapou da execução, mas teve de se exilar numa ilha remota. Apesar disso, a influência de Nichiren é forte até hoje, e vários grupos budistas japoneses modernos seguem seus ensinamentos.

A grande estátua de Buda de Kamakura, no Japão, data do século XIII.

No século XIX, o xintoísmo se tornou a religião oficial do Japão e assim permaneceu até 1945. Mas o budismo continuou a prosperar. Hoje, cerca de 75% dos japoneses se consideram budistas. Na verdade, a maioria segue uma mistura de budismo e xintoísmo e, em muitos locais, há templos budistas e santuários xintoístas lado a lado. Além disso, surgiram muitos grupos religiosos novos. Eles se baseiam em antigos ensinamentos budistas, mas sob forma diferente. Entre eles está o Soka-gakkai, que é uma forma de budismo nichiren.

O antigo budismo tibetano No Tibete, a história do budismo começa com o rei Songsten Gampo (governou de c. 609 a 650 d.C.), fundador do Império Tibetano. Duas esposas suas, uma princesa nepalesa e outra chinesa, eram budistas devotas. Não se sabe se o próprio rei se converteu ao budismo, mas ele construiu para as esposas dois templos budistas magníficos, o Jokhang e o Rampoche, que abrigavam as estátuas de Buda que as duas tinham levado consigo como dote.

Mais tarde, o rei Trisong Detsen (governou de 755 a 797) fez do budismo a religião oficial, mas não sem oposição: começou uma longa luta entre o budismo e o bon, a religião que predominava no Tibete da época. O rei Ralpacan (governou de 817 a 836) foi além e se tornou monge budista. Ele foi assassinado pelo irmão Langdarma, forte defensor do bon.

Langdarma perseguiu os budistas, destruiu mosteiros e matou monges. No entanto, em 842 ele mesmo foi morto por um monge budista. Nos séculos X e XI, muitos monges fugiram da Índia para o Tibete para escapar dos ataques muçulmanos. Em consequência, o budismo tibetano reviveu e prosperou.

Tradução dos textos O rei Songsten Gampo mandou à Índia um tradutor para criar um alfabeto para o idioma tibetano, que ainda não tinha escrita. Isso permitiu que os textos sagrados budistas da Índia fossem traduzidos do sânscrito para o tibetano. Durante vários séculos, os tradutores tibetanos criaram uma imensa coleção de livros sagrados. Os textos tibetanos são classificados em dois grupos principais: o Kanjur e o Tenjur. O Kanjur tem 108 volumes e contém as palavras de Buda. O Tenjur tem 360 volumes e contém comentários sobre os textos do Kanjur. Esse trabalho tam-

Um monge budista tibetano lê os textos sagrados.

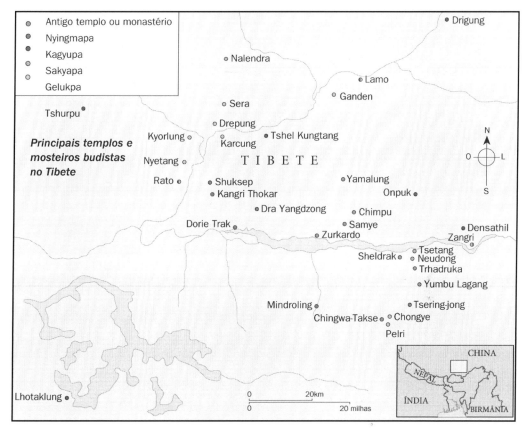

Principais templos e mosteiros budistas no Tibete

bém ajudou a preservar os textos indianos originais quando o budismo declinou na Índia.

Budismo tântrico No Tibete pratica-se uma forma diferente de budismo, o budismo tântrico, variedade de budismo maaiana que usa feitiços e rituais para ajudar o povo a alcançar a iluminação. Seu nome vem de uma coletânea de textos sagrados misteriosos chamados Tantras e foi introduzido no Tibete por Padmasambhava. Às vezes o budismo tântrico é chamado de Vajraiana, que significa "trovão" em sâns-

PADMASAMBHAVA, "NASCIDO NO LÓTUS"

No final do século VIII, chegou ao Tibete o famoso mestre indiano Padmasambhava. Ele ajudou a levar o budismo ao povo tibetano comum. O nome Padmasambhava significa "nascido no lótus", e a lenda diz que ele nasceu numa flor de lótus. Era considerado santo, com poderes mágicos extraordinários. Segundo a tradição, o rei Khrisong Detsen organizou um concurso de magia entre Padmasambhava e os sacerdotes bon mais poderosos, com os demônios seus aliados. Dizem que Padmasambhava usou façanhas espetaculares de magia para superá-los e convertê-los ao budismo. Na época de Padmasambhava, construiu-se o primeiro mosteiro budista em Samye e surgiram os primeiros monges tibetanos.

crito, por ser considerado um caminho bem mais rápido para a iluminação.

Diversas escolas A partir do século IX, desenvolveram-se várias escolas de budismo tibetano. A mais antiga delas é a tradição Nyingmapa, que data seus ensinamentos de Padmasambhava. Acredita-se que ele enterrou uma coleção de textos sagrados nas montanhas como preparação para a época em que o povo estaria pronto para seus ensinamentos. A tradição Kadampa foi fundada por Atisha (982-1054), outro monge indiano, e insistia na disciplina e na moralidade, com regras monásticas estritas. Os sakyapas, seguidores da escola Sakya, receberam o nome da cor cinzenta da terra em torno de seu mosteiro e foram muito poderosos nos séculos XII e XIII.

No século XIII, o budismo prosperava no Tibete. Várias escolas budistas se envolveram na política. Em 1240, os mongóis do noroeste ameaçaram invadir o Tibete. Na tentativa de proteger o país, Sakya Pandita (1182-1251), líder dos sakyapas, viajou até a corte mongol. Ele se ofereceu como assessor espiritual do líder mongol em troca de deixarem o Tibete em paz. O plano deu certo, e os sakyapas se tornaram os governantes efetivos do Tibete.

Entretanto, no início do século XV o poder passou para outra escola, a dos gelukpas, fundada em 1409 pelo mestre tibetano Tsongkhapa (1357-1419). Ele construiu para seus seguidores os grandes mosteiros de Ganden, Drepung e Sera. Em sua época áurea, esses mosteiros eram pequenas cidades e abrigavam dezenas de milhares de monges. No século XVI, o líder dos gelukpas recebeu dos mongóis o título de Dalai Lama. O título significa "oceano de sabedoria", ou seja, alguém cuja sabedoria é tão profunda quanto o oceano.

Imagem do bodissatva Avalokitesvara. Os tibetanos acreditam que o Dalai Lama é Avalokitesvara sob forma humana.

MARPA E MILAREPA

A escola tibetana Kagyupa foi fundada por um grande mestre budista chamado Marpa (1012-1096). Seu discípulo Milarepa (1040-1123) se tornou um dos santos mais reverenciados do Tibete. Conta a lenda que ele recorreu ao budismo para se reabilitar por ter usado magia para punir o tio. Depois do estudo com Marpa, Milarepa passou a maior parte da vida sozinho numa caverna na montanha. Vestia trapos e comia urtigas cozidas. Apesar dessa vida difícil, Milarepa ficou famoso pelos poemas e canções que falam da alegria da iluminação. Conhecidos como *As cem mil canções de Milarepa*, este ainda é um dos textos sagrados mais populares do budismo tibetano.

Retrato de Milarepa, santo, poeta e iogue tibetano, em Tukang, Helambu, no Nepal.

Os Dalai Lamas O título de Dalai Lama foi dado pela primeira vez a Sonam Gyatso (1543-1588), que "retrodatou" a homenagem a dois líderes gelukpas anteriores. Em consequência, Gedun Drup (1391-1475) é considerado o primeiro Dalai Lama. Os tibetanos acreditam que o Dalai Lama é a encarnação do bodissatva Avalokitesvara, que escolheu deliberadamente renascer em forma humana para ajudar outros seres sofredores. Quando um Dalai Lama morre, começa a busca pelo bebê que é sua próxima encarnação. Ele é identificado por vários sinais: por exemplo, pode ser capaz de reconhecer velhos amigos da encarnação anterior ou escolher pertences como os rosários. O bebê é tirado da família e passa muitos anos em Lhasa, a capital tibetana, onde é educado.

No século XVII, o Dalai Lama se tornou o líder religioso e político do Tibete. O quinto Dalai Lama (1617-1682) construiu o famoso Palácio de Potala, em Lhasa. Nos séculos seguintes, os Dalai Lamas se envolveram em intrigas políticas, principalmente com as pretensões chinesas ao Tibete, e foram forçados a ceder algum poder político aos chineses. A situação permaneceu assim até o 13º Dalai Lama (1875-1933) assumir o poder integral e governar o Tibete até sua morte.

174 BUDISMO

Invasão chinesa Em 1951, forças comunistas chinesas invadiram o Tibete. A princípio, houve uma tentativa de combinar o comunismo com a liberdade religiosa budista. Mas os comunistas faziam objeção a muitas práticas budistas, e muitos tibetanos faziam objeção ao domínio chinês. Milhares de monges foram presos ou mortos, e o ensino do budismo se tornou ilegal. Em 1959, depois de um levante tibetano malsucedido, o 14º Dalai Lama foi forçado a fugir de Lhasa disfarçado. Ele se instalou na Índia, onde cerca de cem mil tibetanos se uniram a ele. Os que ficaram para trás sofreram terrivelmente. Coisa pior aconteceria na década de 1960, durante a Revolução Cultural chinesa. Templos e obras de arte budistas foram sistematicamente destruídos, e os grandes mosteiros se reduziram a cidades-fantasmas. Em vinte anos, um modo de vida com séculos de existência foi arrasado.

Hoje, o Dalai Lama e seus muitos monges budistas estão instalados em Dharamsala, na Índia, onde criaram uma próspera comunidade tibetana e um governo no exílio. A cidade tem vários mosteiros e templos budistas, uma escola de estudos tibetanos e estúdios onde se produzem obras tradicionais da arte budista tibetana. Desde 1980, os governantes chineses concederam ao Tibete alguma liberdade religiosa, mas o Dalai Lama não teve permissão de retornar e o budismo enfrenta um futuro bastante incerto no Tibete.

Budismo engajado Hoje, muitos budistas, na Ásia e em outros continentes, estão se aproximando do "budismo engajado". Isso significa envolver-se ou engajar-se em muitos aspectos do trabalho social, em campanhas pela paz e por direitos humanos e políticos. Por exemplo, budistas criaram hospitais e entidades de auxílio a aidéticos, visitaram prisões e comandaram protestos contra o comércio internacional de armas. Um exemplo famoso de budismo engajado é o mosteiro Wat Thamkrabok, na Tailândia. Desde 1957, os monges e monjas

> ### O 14º DALAI LAMA
> Tenzin Gyatso (nascido em 1935), é o décimo quarto Dalai Lama. Foi levado para Lhasa com 5 anos e se tornou chefe de Estado aos 16. Hoje, ele mora na Índia e viaja pelo mundo inteiro fazendo campanha pelos direitos do povo tibetano. Sua afabilidade, sabedoria e compaixão fizeram dele um estadista muito amado e respeitado. Em 1989, ele recebeu o Prêmio Nobel da Paz por seu trabalho.

Tenzin Gyatso, 14º Dalai Lama, em sua casa em Dharamsala, na Índia.

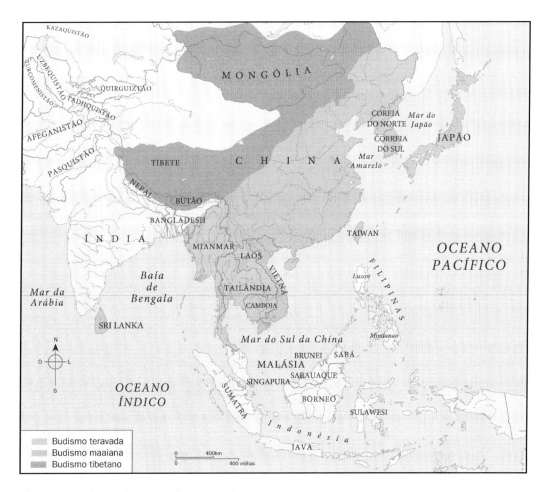

O mapa mostra onde se praticam as diversas linhas de budismo na Ásia de hoje.

desse mosteiro mantêm um programa muito estrito mas bem sucedido de desintoxicação de viciados em drogas. O programa se baseia em princípios budistas.

O budismo no sudeste da Ásia

O Vietnã tem um governo comunista desde a década de 1950. Mas lá o budismo continuou ao lado do comunismo, embora a sanga seja regulamentada pelo governo. Contudo, no Camboja o budismo foi praticamente eliminado. De 1975 a 1979, um movimento comunista chamado Khmer Vermelho ocupou o poder. Sob seu líder Pol Pot, destruíram-se muitos mosteiros e milhares de monges foram torturados e mortos. Em 1979, o Vietnã teve de enviar uma delegação de monges reviver a sanga cambojana. Hoje, o budismo é a religião oficial do Camboja, mas a recuperação é lenta e o futuro, ainda incerto.

Na Tailândia e em Sri Lanka, o budismo continua a ser a principal religião e exerce forte influência na sociedade. A *sanga* tem papel fundamental, como há séculos. Os monges estão envolvidos na educação, na assistência médica, no trabalho social e na conservação ambiental. Eles atuam nas comunidades como orientadores espirituais e ajudam o povo a viver de acordo com os princípios budistas.

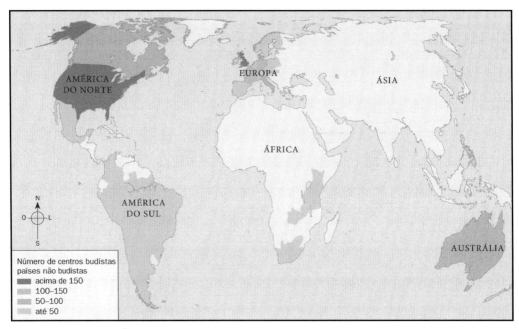

Centros budistas em países não tradicionalmente budistas fora da Ásia.

O budismo na Índia

Embora o hinduísmo e o islamismo sejam hoje as principais religiões da Índia, o budismo tem mostrado alguns sinais de recuperação. Isso se deve, em grande parte, ao trabalho do Dr. B. R. Ambedkar (1891-1956), advogado e político indiano. Ele nasceu numa família dalit, a casta mais baixa da sociedade hinduísta indiana. A hostilidade a suas campanhas por direitos iguais para os dalits levou Ambedkar a se converter ao budismo. Milhões de outros dalits seguiram seu exemplo.

O budismo no Ocidente

Até cerca de cem anos atrás, pouquíssimas pessoas no Ocidente tinham ouvido falar do budismo. Mas, no último século, o budismo cresceu rapidamente e atraiu milhares de seguidores. Hoje, ele está firmemente estabelecido na Grã-Bretanha, nos EUA, na Austrália e em quase todos os países europeus e vem ficando mais popular na América do Sul e na África.

Os britânicos foram os primeiros a ter contato com o budismo no final do século XVIII e início do século XIX, quando o Império Britânico se expandiu e incluiu países budistas como Birmânia (Mianmar) e Ceilão (Sri Lanka). Entre os primeiros ocidentais a estudar o budismo, havia funcionários públicos britânicos que trabalhavam nesses países. Outros países budistas como o Vietnã e o Camboja caíram sob o domínio francês, e pesquisadores franceses também começaram a estudar o budismo.

Em 1879, Edward Arnold, professor britânico na Índia, publicou um poema baseado na vida de Buda chamado "A luz da Ásia" que ajudou a torná-lo conhecido do público. Em 1881, o estudioso britânico T. W. Rhys Davids (1843-1922) fundou a Pali Text Society. Essa sociedade recolheu textos budistas teravadas e os traduziu, tornando o budismo acessível a mais pessoas no Ocidente.

No início do século XX, alguns ocidentais se tornaram monges budistas. Entre eles estava o britânico Alan Bennett (1873-1923), ordenado na Birmânia com o nome budista de Ananda Maitreya. Em 1908, Bennett ajudou a fundar a primeira sociedade budista da Grã-Bretanha. Em 1926, o cingalês Anagarika Dharmapala (1874-1933) criou em Londres um centro budista, o primeiro fora da Ásia. Também se formaram sociedades budistas na Alemanha (1903 e 1924) e na França (1929). A Buddhist Society of America foi criada em 1930 em Nova York.

Desde então, o interesse pelo budismo cresce sem parar, e novos centros e sociedade são abertos todo ano. Atualmente, há mais de cem centros na Grã-Bretanha e muito mais nos EUA. Alguns se voltam principalmente para imigrantes da Ásia; outros atendem a ocidentais que querem aprender a meditar ou a seguir um modo de vida budista. Também há muitos mosteiros budistas no Ocidente, organizados por monges e monjas ocidentais.

A SOCIEDADE TEOSÓFICA

A entidade chamada Sociedade Teosófica ajudou a apresentar ideias budistas ao Ocidente. Fundada em 1875 em Nova York por dois americanos, o coronel Henry Steel Olcott (1832-1907) e Helena Blavatsky (1831-1891), suas ideias vinham de muitas tradições antigas, como o hinduísmo e o budismo. Olcott e Blavatsky podem ter sido os primeiros ocidentais a se tornarem formalmente budistas. Numa visita ao Sri Lanka em 1880, eles foram a um templo e se converteram ao budismo diante de um monge.

Madame Helena Petrovna Blavatsky (1831-1891).

Tradições budistas no Ocidente

Antes da década de 1950, praticamente o único tipo de budismo conhecido no Ocidente era o teravada. Um vihara (templo budista) cingalês foi fundado em Londres em 1954, seguido por um vihara tailandês em 1966. Em meados da década de 1950, o zen budismo japonês também se tornou popular na Grã-Bretanha e nos EUA. Nas décadas de 1960 e 1970, refugiados tibetanos criaram centros nos EUA, na Grã-Bretanha, na Europa e na Austrália. Um monge tibetano chamado Chogyam Trungpa fundou o mosteiro Samye Ling na Escócia e um templo budista tibetano nos Estados Unidos. Estima-se que hoje metade dos budistas ocidentais sigam alguma forma de budismo tibetano. Também se estabeleceram outros grupos menores, como o Shingon e o Terra Pura japonês. Também surgiram movimentos budistas modernos, como o Soka-gakkai, um ramo do budismo nichiren. Seus ensinamentos se baseiam em recitações diárias para obter recompensas tanto espirituais quanto materiais. Muitos budistas criticam essa abordagem.

O novo movimento Kadampa

Um dos grupos budistas que mais crescem no Ocidente é a nova tradição Kadampa. Fundada pelo monge tibetano Geshe Kelsang Gyatso Rinpoche, tem mais de novecentos centros de meditação em quarenta países. O Novo Kadampa se baseia no budismo kadampa tibetano, que data do século XI. Ele enfatiza a disciplina moral, o estudo e a meditação como caminhos para a paz e a felicidade. Os seguidores do Novo Kadampa também cultuam um espírito chamado Dorje Shugden. Em 1998, o primeiro templo Novo Kadampa foi construído em Cumbria, na Grã-Bretanha. Desde

Budistas ocidentais participam de uma cerimônia budista tibetana em Dharamsala.

AMIGOS DA ORDEM BUDISTA OCIDENTAL

A entidade Amigos da Ordem Budista Ocidental (AOBO em português, FWBO em inglês) foi fundada em 1967 por um monge budista inglês, o Venerável Sangharakshita (nascido Denis Lingwood). Na Segunda Guerra Mundial, ele foi estacionado na Índia e no Sri Lanka. Depois da guerra, ficou na Ásia e foi ordenado monge teravada. Ele também estudou o budismo tibetano e o budismo chan e decidiu formar um movimento budista que combinasse elementos dessas tradições de uma maneira adequada à sociedade ocidental. Por exemplo, a AOBO não tem monges nem monjas. Os budistas mais comprometidos fazem votos e são ordenados como "membros". Não usam túnicas, apenas uma echarpe chamada *kesa* em cerimônias especiais.

então, construíram-se templos no Canadá, nos EUA, na Espanha e no Brasil.

O futuro do budismo O budismo enfrenta vários desafios em seu futuro. Em sua pátria asiática, o século XX se mostrou uma época difícil. Em alguns países, os budistas enfrentaram perseguição e governos violentos. Em outros, a guerra e a agitação nacional os ameaçaram. No entanto, recentemente o budismo começou a se restabelecer em países como a Índia e a Indonésia e também vem ganhando novos adeptos em países não asiáticos, principalmente na Europa, na América do Norte e na Austrália.

Em alguns países tradicionalmente budistas, como a Tailândia e o Sri Lanka, os valores e ensinamentos do budismo, como o desapego às posses materiais, vêm sendo corroídos pelo surgimento do consumismo em estilo ocidental. No Ocidente, onde o budismo chegou há menos tempo, são exatamente esses valores que atraem os novos seguidores.

Mas o que o futuro reserva ao budismo? Um importante ensinamento budista afirma que nada se mantém igual para sempre; tudo muda o tempo todo. Se o budismo continuar a se adaptar a culturas e circunstâncias diferentes, provavelmente seu futuro será saudável e brilhante.

Monges budistas protestam contra uma fábrica de bebidas alcoólicas em Bangcoc, na Tailândia.

CAPÍTULO 6

SIQUISMO

A RELIGIÃO SIQUE surgiu na Índia no final do século XV. Foi criada por um mestre chamado guru Nanak, que viveu no Punjabe, uma região fértil no noroeste da Índia entre o Himalaia e o rio Ganges. No século XV, o Punjabe era um importante centro do hinduísmo, embora controlado por governantes muçulmanos. Isso fez com que Nanak crescesse em contato íntimo com duas grandes religiões. Desde pequeno, ele estudou o hinduísmo e o islamismo. Também passou bastante tempo sozinho, refletindo sobre a natureza de Deus. Mais tarde, ele criou uma nova religião com base em tudo o que aprendeu. Devido à sabedoria, Nanak recebeu o título de "guru", ou "mestre" em sânscrito.

Começo da vida de Nanak Nanak nasceu em 1469 na aldeia punjabi de Talvandi, cerca de oitenta quilômetros a sudeste da cidade de Lahore, no atual Paquistão. Mais tarde, sua terra natal passou a se chamar Nankana Sahib, ou seja, "Senhor Nanak", em homenagem ao fundador da fé sique. A família de Nanak era hinduísta, mas seu pai fazia a contabilidade de um grande proprietário muçulmano local.

Há muitas histórias sobre a infância do guru Nanak, todas ilustrando o fato de que ele era uma criança extraordinária. Uma delas nos conta que ele nasceu com uma forte noção de santidade, imediatamente reconhecida tanto pela parteira muçulmana quanto pelo sacerdote hinduísta presentes em seu nascimento. O sacerdote preparou o horóscopo do menino e previu que hinduístas e muçulmanos reconheceriam Nanak como um grande mestre e pensador.

Quando chegou à idade escolar, Nanak espantou todos os professores com sua sabedoria e compreensão. Com 7 anos, começou a compor hinos que exprimiam suas crenças. Como todos os colegas de escola, Nanak falava punjabi, um idioma apenas falado, sem forma escrita. No entanto, na adolescência ele também aprendeu três línguas escritas: sânscrito (antigo idioma dos textos hinduístas), árabe e persa, línguas do islamismo.

No século XV, a sociedade hinduísta era dominada por um rígido sistema de castas. Esse antigo sistema hereditário dividia o povo em quatro castas ou classes principais. A família de Nanak era xátria, da casta dos guerreiros, mas ele rejeitava essa maneira de dividir e julgar as pessoas. Com 11 anos, Nanak se recusou a participar da cerimônia que lhe daria boas-vindas à sua casta. Em vez de aceitar o *janeu*, o fio sagrado que mostrava que ele era xátria, Nanak questionou o sacerdote que o ofereceu a ele. Diante da família inteira, Nanak fez a seguinte pergunta: as pessoas não deveriam merecer respeito por suas ações e não pelo uso de um fio sagrado? Esse foi o começo de uma vida inteira a ensinar a igualdade entre todos os seres humanos.

Estudo do hinduísmo Nanak foi educado no hinduísmo e aprendeu todos os ensinamentos de sua fé. Frequentou a escola, onde teve aulas com sacerdotes, e também conversou com santos itinerantes hindus. Um ramo do hinduísmo exerceu atração especial sobre Nanak: o movimento bhakti, desenvolvido no século XIII. Seus seguidores ignoram as castas e se

Talvandi, terra natal do guru Nanak, se transformou em santuário sique. Muitos siques fazem peregrinações até lá.

concentram na devoção a um deus pessoal. Mais tarde, Nanak adotou a ideia de um deus pessoal em seus hinos. No entanto, o deus sique não assume forma humana, como os deuses dos bhaktis.

A Índia por volta de 1460, mostrando os principais reinos hinduístas e as terras muçulmanas dos Lodhi.

TODOS SÃO IGUAIS

Os siques acreditam que todos os seres humanos são iguais: homens e mulheres, jovens e velhos, ricos e pobres, porque acreditam que todos são igualmente amados por Deus.

Embora digam que há quatro castas,
Um só Deus criou todos os homens
Todos os homens são moldados com a mesma argila.
O Grande Ceramista meramente variou as formas.

Hino do *Guru Granth Sahib*, livro sagrado dos siques

Terras governadas pelos reis muçulmanos de Lodhi
Fronteiras dos principais reinos hinduístas

Estudo do islamismo Quando cresceu, Nanak observou muçulmanos praticarem sua religião. Ele discutiu crenças islâmicas com sábios muçulmanos e estudou seu livro sagrado, o Corão. Nanak estava especialmente interessado no sufismo, um ramo do islamismo que se iniciou na Pérsia. Os sufis levam uma vida simples e meditam sobre a natureza de Deus. Nanak admirava a natureza mística dos sufis. Ele queria atingir um estado semelhante de compreensão por meio de suas práticas religiosas.

Sultanpur Com cerca de 16 anos, Nanak partiu da aldeia de Talvandi e foi para Sultanpur, cidadezinha perto do rio Sutle. A irmã casada de Nanak morava lá e ajudou o irmão a arranjar emprego como coletor de impostos de um governante muçulmano local. Nos oito anos seguintes, ele combinou trabalho e estudos religiosos e começou a atrair um grupo de seguidores. Nessa época, Nanak também se casou com Sulakhni, uma moça hinduísta, e teve dois filhos. Enquanto isso, sua fama se espalhava. Um grande grupo de seguidores chegou a Sultanpur para se unir a Nanak em seus hinos, orações e contemplação.

UM ÚNICO DEUS
Embora discordasse de muitos ensinamentos muçulmanos, Nanak ficou impressionado com a crença muçulmana num único Deus. Ele achou essa crença muito mais convincente do que a devoção dos hinduístas a muitos deuses. Os siques acreditam num único Deus supremo. Em seu culto, eles entoam as palavras *Ik Onkar*, que significam "só há um único Deus".

Viagens Depois de oito anos em Sultanpur, Nanak ficou inquieto. Decidiu que estava na hora de conhecer gente nova e aprender o que os outros buscavam na fé. Assim, no verão de 1496 ele

A região onde começou o siquismo era originalmente hinduísta, mas no século XI foi invadida por muçulmanos. Este minarete (torre de orações), o Qutb Minar, foi construído em Délhi para comemorar uma vitória muçulmana contra os hinduístas. A obra começou em 1193.

partiu numa série de viagens. Não se sabe com certeza aonde Nanak foi, mas a maioria dos relatos concordam que ele foi primeiro para leste, rumo às antigas cidades de Haridwar e Varanasi. Em seguida, viajou bastante pelas regiões de Assam e Orissa, no norte da Índia. Todos esses lugares eram sagrados para os hinduístas, com santuários e bibliotecas magníficos. Ali, Nanak trocou ideias com peregrinos, estudiosos e místicos.

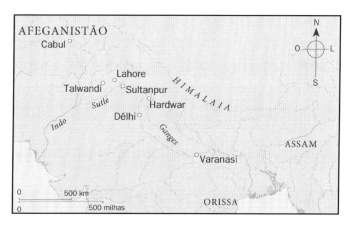

Mapa dos lugares importantes da vida do guru Nanak.

De acordo com as lendas, depois de partir do norte Nanak visitou os grandes reinos hinduístas do sul da Índia. Enquanto estava no sul, dizem que também atravessou o mar até a ilha do Ceilão (Sri Lanka), onde se praticava o budismo.

Enquanto viajava pela Índia, Nanak espalhava suas ideias, pregando às vezes em templos hinduístas, às vezes em mesquitas, às vezes ao ar livre. Ele também batia às casas e se unia aos moradores para cantar os hinos que compunha.

Mais tarde, o guru Nanak viajou além da Índia em busca de mais entendimento. De acordo com a lenda, foi às cidades muçulmanas de Cabul, Meca e Bagdá. Também pode ter visitado os mosteiros budistas do Tibete. Aonde quer que fosse, observava as práticas das diferentes religiões. Falava com fiéis comuns, lia os textos sagrados e trocava ideias com estudiosos.

OFERENDAS A DEUS

Uma lenda fala de uma reunião na cidade hinduísta de Haridwar em que um grupo de sacerdotes hinduístas explicou a Nanak a prática de sacrificar animais aos deuses. Nanak escutou com atenção e respondeu: "Os sacrifícios [...] desta época deveriam ser dar comida aos que repetem o nome de Deus e praticam a humildade".

Um menino sique lê o Guru Granth Sahib, o livro sagrado dos siques. Como todos os textos siques, é escrito em gurmukhi, língua criada pelo guru Nanak.

SIQUISMO

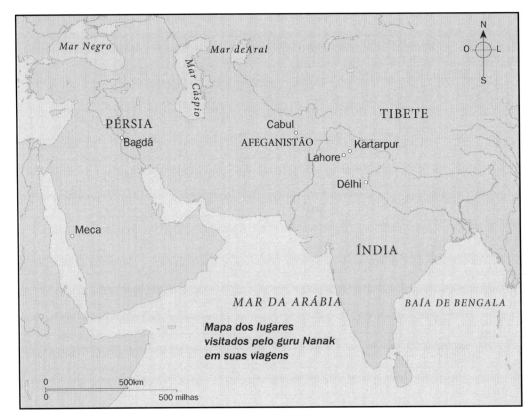

Mapa dos lugares visitados pelo guru Nanak em suas viagens

Hinos Depois das viagens, o guru Nanak voltou ao Punjabe, onde encontrou um lugar pacífico junto ao rio Ravi, ao norte da cidade de Lahore, e construiu a aldeia de Kartarpur. Nanak passou os quinze últimos anos de vida em Kartarpur, tentando formar uma nova religião com base nos elementos essenciais de tudo o que aprendera. Nesses anos de paz, o guru Nanak escreveu uma coletânea de hinos que se tornou a base da nova fé. Em seus hinos, o guru Nanak ensinava que só existe um único Deus e que todos os seres humanos são iguais. Ele incentivava seus seguidores a dedicar a vida a Deus. Também ensinava que todos deveriam estar dispostos a trabalhar duro para servir a Deus e aos outros seres humanos. Mais tarde, os 974 hinos de Nanak foram reunidos no livro sagrado dos siques, o Guru Granth Sahib.

Os primeiros siques Muitos seguidores foram a Kartarpur para estar perto do guru Nanak. Essas pessoas passaram a ser chamadas de "siques", que vem da palavra sânscrita que significa "seguidor". Os siques vêm de várias castas e religiões. Um dos companheiros mais próximos do guru Nanak era um muçulmano chamado Mardana. Ele abandonou a fé islâmica para se unir a Nanak no início de suas viagens e o acompanhou pelo resto da vida.

Em Kartarpur, Nanak começou a prática de dividir uma refeição com quem fosse ouvi-lo rezar. Depois do culto, todos se uniam numa refeição chamada *langar*. Era um meio de rejeitar o sistema de castas, que não permitia que integrantes de castas diferentes comessem juntos.

SIQUISMO 187

Continuação do trabalho O guru Nanak morreu em 1539, mas antes de morrer ele escolheu um novo mestre para continuar seu trabalho: o guru Angad, homem cultíssimo que morava na pequena aldeia de Khadur, ao sul de Amritsar, perto do rio Beas. O guru Angad passou os treze anos seguintes ensinando a religião sique. Ele reuniu em livro todos os hinos do guru Nanak e acrescentou mais 62 hinos seus. O guru Angad abriu escolas para ensinar os jovens a ler e escrever gurmukhi, incentivou seus seguidores a praticar esportes e ensinou aos siques que a saúde da mente e do corpo é agradável a Deus.

O guru Angad escolheu Amar Das, um de seus seguidores mais devotos, para ser o terceiro guru. O guru Amar Das foi líder dos siques de 1552 a 1574. Nesse período, ele enviou seguidores a todo o Punjabe para disseminar a fé. Também criou um centro sique em Goindwal, às margens do rio Beas. Três vezes por ano, ele realizava celebrações em Goindwal e incentivava os siques de todo o Punjabe a se unirem a ele. O guru Amar Das também criou o salão do *langar*, um lugar para refeições comunitárias onde todos compartilhavam uma refeição simples. Quem visitasse o guru Amar Das

Este templo em Pancha Sahib, perto de Lahore, foi construído em memória do guru Nanak. O guru passou algum tempo aqui, e acredita-se que deixou a marca de sua mão perto de um tanque de água sagrada.

UMA NOVA LÍNGUA

Quando pregava a seus seguidores, o guru Nanak usava o idioma punjabi local. Mas essa era uma língua apenas falada. Nanak teve de enfrentar o problema da língua a usar nos textos escritos. Ele não queria usar o sânscrito (idioma sagrado dos hinduístas), o árabe nem o persa (idiomas do islamismo). Assim, decidiu criar uma nova língua escrita baseada no punjabi. Essa língua se chama gurmukhi, que significa "da boca do guru". Ainda é usada hoje em todos os textos sagrados siques.

teria de comer com ele no salão do *langar*, prática iniciada pelo guru Nanak.

O templo de Amritsar Antes de morrer, o guru Amar Das escolheu o local de um templo especial para os siques: a aldeia de Amritsar. O lugar foi escolhido pela bela posição à margem de um lago cercado de florestas. Em 1574, o guru Ram Das se tornou o quarto guru. Ele era um sique extraordinário, marido da filha caçula do terceiro guru. O guru Ram Das comandou os siques nos sete anos seguintes. Nesse período, dedicou-se à tarefa de construir o templo de Amritsar. Em 1581, foi sucedido por seu filho, o guru Arjan, e a partir daí os gurus geralmente escolheram os filhos para sucedê-los. O guru Arjan comandou os siques até 1606 e terminou a obra do templo de Amritsar. Mais tarde, esse prédio impressionante, construído numa ilha, passou a ser chamado de Templo Dourado.

Guru Arjan, o quinto guru. Depois de sua morte trágica, muitos siques decidiram lutar para defender sua religião.

O livro sagrado O guru Arjan também compilou o livro sagrado dos siques. Ele reuniu os hinos dos quatro primeiros gurus e acrescentou alguns hinos seus. Também escolheu alguns textos de homens santos muçulmanos e hinduístas. O livro passou a ser chamado de Adi Granth ("primeiro livro"). Em 1604, o guru Arjan pôs o exemplar original do Adi Granth em lugar de honra no templo de Amritsar.

Imperadores mogóis Menos de dois anos depois de instalar o Adi Granth em Amritsar, o guru Arjan foi preso pelo imperador mogol Jahangir. Os mogóis eram muçulmanos do Afeganistão que assumiram o controle de Délhi em 1526. Seu líder Babur se

Mapa da pátria sique por volta de 1580.

Em Amritsar, o Harimandir Sahib ou Templo Dourado faz parte de um complexo de prédios religiosos. Terminado em 1604, o templo é a parte mais sagrada do complexo.

declarou o primeiro imperador mogol, e o filho Akbar construiu um vasto império que englobava o norte da Índia. Akbar foi um governante sábio e tolerante, interessado em aprender sobre todas as religiões. No entanto, Jahangir, seu filho e sucessor, era muito cruel e decidiu fazer do islamismo a única religião do Império Mogol.

Em 1606, Ksuru, filho de Jahangir, se revoltou contra o pai. Jahangir derrotou a rebelião e puniu com violência todos os partidários do filho. Para azar dos siques, Ksuru já se encontrara com o guru Arjan, e Jahangir decidiu que o guru estava envolvido na revolta; mandou prendê-lo e determinou que o homem santo fosse morto sob tortura. Foi uma morte terrível. O guru foi sentado numa chapa de ferro quente, enquanto areia ardente era despejada sobre ele. Depois, foi mergulhado em água quase fervente e, afinal, afogado no rio Ravi. No entanto, o guru não protestou contra esse sofrimento. Mais tarde, seu amigo sufi Mian Mir registrou as últimas palavras do guru: "Suporto toda essa tortura para dar exemplo aos mestres do Verdadeiro Nome, para que não percam a paciência nem se queixem a Deus em seu sofrimento."

O DEVER DO *SEVA*

Além de fazer a planta do templo de Amritsar, os gurus também ajudaram no trabalho braçal de cavar e construir. Os siques acreditam que devem servir a Deus com tarefas braçais simples. O nome desse serviço é *seva* e, ao cumpri-lo, os siques mostram que são humildes perante Deus. Hoje, os siques cumprem o dever do *seva* ajudando no templo. Eles se revezam para manter o templo limpo. Também preparam e servem uma refeição simples a ser dividida por todos no salão do *langar*.

Guru Hargobind A tortura e a morte do guru Arjan marcaram um drástico ponto de virada na história dos siques. Seus seguidores reagiram com fúria à notícia da morte do líder. Esse incidente chocante transformou a religião pacífica do siquismo num movimento guerreiro. Foi o início de cento e cinquenta anos de guerra contra os mogóis e outras forças islâmicas.

O guru Hargobind, filho mais velho do guru Arjan, tinha apenas 11 anos quando sucedeu ao pai, mas começou imediatamente a tarefa de montar um exército para combater os mogóis. Em 1628, os siques e mogóis se enfrentaram pela primeira vez. A batalha, travada perto de Amritsar, durou dois dias, e o exército mogol foi derrotado.

Hargobind percebeu que, se ficasse em Amritsar, o templo correria perigo; então, abandonou a cidade sagrada e foi para as montanhas. Depois disso, nunca mais voltou a Amritsar.

> ### GURDWARAS
>
> O guru Hargobind passou a maior parte da vida viajando, mas precisava de um lugar onde se encontrar com outros siques. Para isso, criou o *gurdwara*, onde os siques podem rezar e ler seu livro sagrado. *Gurdwara* significa "a porta para o guru". Hoje, siques do mundo inteiro se reúnem em *gurdwaras*. O prédios não precisam ser grandiosos; podem ser qualquer lugar onde o livro sagrado sique esteja guardado e onde os siques se reúnam para o culto. Alguns *gurdwaras* são apenas um cômodo separado na residência de um sique.

Siques chegam para um festival no templo de Anandpur Sahib. O templo foi construído perto de Kiratpur em memória do guru Hargobind.

Império Mogol em 1600, mostrando os principais centros do domínio muçulmano.

Duas batalhas se seguiram: em Lahira, no sul do Punjabe, em 1631 e em Kartarpur, perto de Amritsar, em 1634 Ambas terminaram com vitória dos siques. Essas vitórias enraiveceram ainda mais os mogóis, e o guru Hargobind passou o resto da vida combatendo ataques mogóis.

Ele levava uma vida nômade e visitava os siques em toda a região do Punjabe. Mas, no fim da vida, instalou-se em Kiratpur, no sopé do Himalaia. Mais tarde, esse foi o local do Anandpur Sahib, famoso templo sique.

Guru Tegh Bahadur Depois da morte do guru Hargobind em 1644, houve um período de relativa calma. Isso durou até 1675, quando um dos sucessores de Hargobind, Tegh Bahadur, o nono guru, foi forçado a se posicionar contra Aurangzeb, outro imperador mogol. O imperador estava decidido a eliminar todas as religiões exceto o islamismo, e, quando deu ordens para que os templos hinduístas da Caxemira fossem destruídos, os hindus pediram ajuda a Tegh Bahadur. Por acreditar que conseguiria conversar sensatamente com o imperador Aurangzeb, Tegh Bahadur partiu sozinho para encontrá-lo. Mas o imperador tinha outros planos. A caminho de Délhi, Tegh Bahadur foi preso pelos soldados do imperador e levado para a cidade numa jaula de ferro. O imperador ordenou que ele se

convertesse ao islamismo. Durante os cinco dias seguintes, Tegh Bahadur foi torturado, mas se recusou a alterar sua crença religiosa e acabou decapitado. Mais tarde, o ponto onde morreu se tornou o Sis Ganj, um gurdwara (templo sique).

Guru Gobind Singh O décimo guru foi Gobind Singh, filho de Tegh Bhadur. Embora só tivesse 9 anos quando o pai morreu, estava decidido a defender a fé sique de seus inimigos. Ele criou uma fortaleza para os siques na cidade montanhosa de Anandpur, no sopé do Himalaia. Também estudou muitos textos sagrados para se tornar um líder espiritual sábio para seu povo. Em 1685, com 19 anos, o guru Gobind Singh assumiu a responsabilidade total pelos siques.

Nos primeiros anos de sua liderança, Gobind Singh rechaçou vários ataques a Anandpur, mas em 1704 um poderoso exército mogol forçou os siques a abandonarem sua cidade. O imperador Aurangzeb prometeu aos siques que poderiam partir em segurança de Anandpur, mas quebrou sua palavra. Alguns soldados do imperador atacaram os siques em retirada e mataram violentamente homens, mulheres e crianças.

Depois de partir de Anandpur, Gobind Singh ficou em Dina, no atual Paquistão. Mais tarde, mudou-se para Talvandi Sabo, ao sul do rio Sutle. Ali, nesse lugar pacífico depois renomeado Damdama Sahib, terminou a versão final do livro sagrado dos siques, o *Guru Granth Sahib*.

SINGH E KAUR
O guru Gobind Singh dizia que todos os homens siques deveriam usar o sobrenome "Singh" e todas as mulheres, o sobrenome "Kaur". Singh significa "leão", Kaur significa "princesa". Hoje, muitos homens e mulheres siques ainda usam os nomes Singh e Kaur.

Em Dina, Gobind Singh também escreveu duas famosas cartas a Aurangzeb, condenando-o publicamente por ser infiel aos ideais da religião muçulmana. Surpreendentemente, essas cartas impressionaram tanto Aurangzeb que ele instruiu seu delegado a fazer a paz com Gobind Singh.

O décimo primeiro guru Em 1707, o imperador Bahadur Xá sucedeu ao pai Aurangzeb. O guru Gobind Singh foi encontrá-lo em Agra, às margens do rio Yamuna, no norte da Índia, e eles viajaram juntos para o sul. Gobind Singh tinha esperanças de que o imperador permitisse aos siques voltar a Anandpur. No entanto, quando chegaram à cidade de Nanded, às margens do rio Godavari,

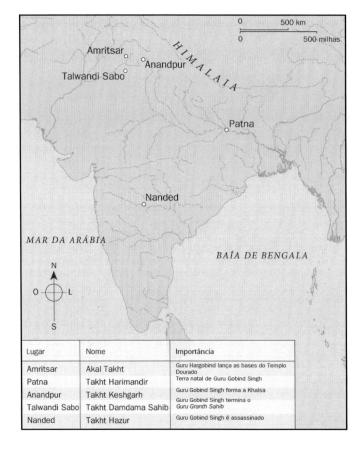

Os Cinco Takhts: os siques construíram os Cinco Takhts (templos especiais) para marcar os lugares onde ocorreram eventos importantes de sua história. Quatro deles estão ligados à vida do guru Gobind Singh.

SIQUISMO

Esta pintura mostra a origem da cerimônia da khalsa. Aqui, os cinco fundadores da khalsa se reúnem diante do guru Gobind Singh. Um deles oferece ao guru o Krah Prashad (pudim sagrado).

ficou claro que isso não aconteceria. Então Gobind Singh decidiu transformar Nanded em sua base.

Muita gente foi para Nanded ouvir os ensinamentos de Gobind Singh, e a cidade se tornou um centro do siquismo na Índia. No entanto, essa paz não durou muito. Em 1708, com inveja do poder de Gobind Singh, o governador muçulmano local mandou dois assassinos matá-lo. O guru sobreviveu ao ataque, mas morreu pouco tempo depois. Moribundo, Gobind Singh anunciou que depois dele não haveria mais gurus. Ao perceber que os siques brigariam entre si para decidir quem seria o próximo líder, ele explicou que deveriam tratar o livro sagrado como seu guru. Sempre que precisassem de conselhos, deveriam recorrer ao *Guru Granth Sahib*.

A KHALSA

Em 1699, o guru Gobind Singh realizou uma cerimônia dramática. Pediu que voluntários dispostos a morrer pela fé entrassem em sua tenda. Cinco homens se apresentaram. Eles se tornaram os primeiros integrantes da *khalsa*, um grupo de siques devotos. A *khalsa* existe até hoje. Seus integrantes juram obedecer às regras da religião sique e usam cinco símbolos para se lembrar do juramento:
- *kesh* — cabelo não cortado
- *kara* — um aro de aço no pulso direito
- *kangha* — um pente de madeira
- *kachera* — calções de algodão
- *kirpan* — um espadim de aço

Hoje, o *Guru Granth Sahib* é chamado de décimo primeiro guru. Os exemplares do livro são tratados com muito respeito, como se fossem mestres vivos. É esse o foco do culto nos *gurdwaras*, e o livro geralmente descansa sob um toldo, sobre almofadas numa plataforma elevada.

O século XVIII Depois da morte do Guru Gobind Singh, Banda Singh surgiu como líder militar dos siques. Ele reuniu um pequeno exército e marchou rumo à cidade de Samana, no leste do Punjabe. O exército de Banda capturou Samana de seus governantes mogóis e a partir dali ocupou mais de uma dúzia de cidades. Depois, Banda escolheu a fortaleza de Mukhlispur, a meio caminho entre Sadhaura e Nahan, para ser sua base. Deu à fortaleza o novo nome de Lohgarh e a transformou em capital de um novo Estado sique. Foi a primeira vez que os siques reivindicaram como sua alguma terra.

Em agosto de 1710, o imperador mogol resolveu revidar. Um vasto exército muçulmano caiu sobre o Punjabe, e houve batalhas sangrentas em Sadhaura, Sirhind e Lohgarh. Nos cinco anos seguintes, Banda e seus seguidores travaram uma campanha determinada, conquistando cidades mogóis mas perdendo-as de novo. Finalmente, foram derrotados em 1715. Banda foi preso e centenas de siques foram executados. Mas o líder deixou um legado no Punjabe. Embora os mogóis mantivessem o controle de algumas cidades importantes, nascera a ideia de um Estado sique.

No resto do século XVIII, os siques enfrentaram perseguições mogóis e a invasão do Exército do Afeganistão. De 1748 a 1764, exércitos afegãos invadiram oito vezes a Índia, e em todas elas marcharam pelo Punjabe, provocando morte e destruição. Para os siques, o mais angustiante foram os três ataques afegãos ao templo de Amritsar.

Os britânicos na Índia Apesar de todos os problemas do século XVIII, no século seguinte os siques estavam numa posição de força. O Império Mogol estava cada vez mais fraco, o que permitiu aos si-

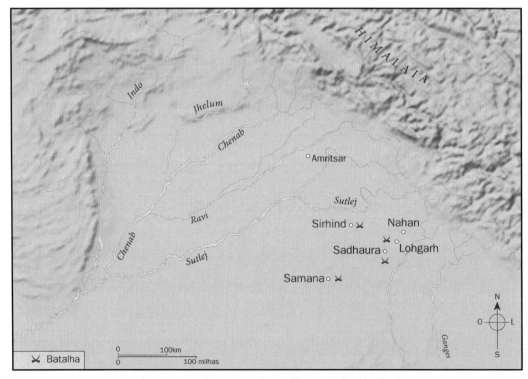

Mapa mostrando lugares importantes das campanhas militares de Banda Singh.

A Nishan Sahib ou bandeira sique tem papel fundamental em todas as cerimônias siques. O símbolo do khanda *no centro da bandeira lembra aos siques que devem ser fortes e corajosos e lutar por liberdade e justiça. Essas ideias são importantíssimas na história sique.*

> ### A BANDEIRA SIQUE
> Onde venceram, os siques desfraldaram sua bandeira. Conhecida como Nishan Sahib, ela ainda é hasteada hoje diante dos *gurdwaras*. No centro fica o *khanda*, símbolo composto por um círculo com uma espada de dois gumes no centro e uma espada curva de cada lado. O círculo recorda aos siques que só existe um único Deus, sem começo nem fim. A espada de dois gumes representa liberdade e justiça, e as duas espadas curvas lembram aos siques que devem ser fortes, tanto na vida cotidiana quanto em suas crenças.

ques assumirem o controle de grande parte do Punjabe oriental. Eles também controlavam a maior parte do Punjabe ocidental (o Paquistão de hoje) e as áreas montanhosas ao norte. No entanto, estavam prestes a enfrentar um novo desafio sob a forma da Companhia das Índias Orientais britânica.

Já no século XVI, mercadores da Europa tinham se instalado na Índia, e algumas empresas comerciais ficaram muito poderosas. Em 1800, a Companhia das Índias Orientais britânica conquistara o controle de grandes regiões da Índia e era o verdadeiro poder por trás do imperador mogol. A companhia mantinha um grande exército para enfrentar quaisquer grupos que a atrapalhassem.

Ranjit Singh Em 1801, surgiu um novo líder sique. Ranjit Singh (o Leão do Punjabe) era um cavaleiro e guerreiro brilhante. Também era muito ambicioso. Em 1799, com 19 anos, comandou um exército até Lahore e tomou a cidade dos muçulmanos. Dois anos depois, foi coroado marajá (príncipe) do Punjabe. Ranjit Singh foi o primeiro líder sique a ser coroado como monarca. Ele governou o Punjabe com justiça e eficiência. Em seu reinado, muçulmanos e hinduístas foram bem tratados, e ele nomeou vários muçulmanos para cargos importantes do governo. Enquanto isso, Ranjit Singh se entregava à tarefa de conquistar mais terras. Alguns territórios foram conquistados em combate; outros, com acordos comerciais. Em menos de dez anos, ele construiu um Estado rico e poderoso no noroeste da Índia.

O Tratado de Amritsar As autoridades da Companhia das Índias Orientais britânica reconheceram que os siques eram parceiros comerciais importantes. O Punjabe era a região mais produtiva da Índia, tanto em termos agrícolas quanto manufatureiros, e os siques a administravam com muita eficiência. No entanto, os britânicos se preocupavam com a ambição de Ranjit Singh. Em vez de desafiar diretamente o jovem marajá, eles decidiram apoiar as pretensões de alguns governantes locais com terras ao sul do rio Sutle que se sentiam ameaçados por seu expansionismo. Em 1809, os britânicos convenceram Ranjit Singh a assinar o Tratado de Amritsar. Como parte dos termos, ele concordava em não conquistar mais nenhuma terra ao sul do rio. Em troca, os britânicos lhe ofereceram "amizade perpétua". Ranjit Singh concordou com esses termos porque precisava manter os britânicos como aliados enquanto tentava conquistar mais terras ao norte.

> ### HOLA MOHALLA
> Os siques buscam levar a vida em paz, mas também acreditam que devem se dispor a lutar quando acharem correto. No século XVII, o guru Gobind Singh criou uma festa de primavera chamada Hola Mohalla. Nessa festa, os siques aprendiam a usar armas para se prepararem para a guerra. Hoje, os siques ainda comemoram o Hola Mohalla, mas com atividades e competições desportivas.

Siques comemoram o Hola Mohalla em Anandpur, no Punjabe. Hoje, essa cerimônia colorida lembra aos siques as antigas batalhas pela fé.

Locais importantes da Primeira Guerra Anglo-Sique (1845-1846)

Movimento para o norte

Depois de assinar o Tratado de Amritsar, Ranjit Singh concentrou seu esforço nas áreas ao norte e a oeste do Punjabe. Quando o exército sique avançou sobre essas regiões, muitos governantes pediram ajuda aos britânicos. No entanto, estes foram obrigados a ignorar seus apelos devido aos termos do tratado. Nos vinte anos seguintes, Ranjit Singh conseguiu expulsar os afegãos de muitos territórios do noroeste. Em 1839, os siques expandiram seu reino até incluir algumas ricas regiões nortistas, como o reino da Caxemira e as áreas em torno das cidades de Pexauar e Cabul.

Primeira Guerra Anglo-Sique

Em 1839, Ranjit Singh morreu subitamente, com 58 anos. No decorrer da vida, ele construíra um grande reino sique. No entanto, nenhum de seus filhos tinha as qualidades do grande líder, e nos cinco anos seguintes o caos se instalou no governo sique de Lahore. Em 1844, os britânicos se aproveitaram da fraqueza sique. Chegaram com um exército imenso e acamparam logo ao sul do rio Sutle, à espera de uma oportunidade para atacar.

Em novembro de 1845, os britânicos ocuparam duas aldeias siques perto de Ludhiana, ao sul do rio, afirmando que abrigavam criminosos. Quando um exército sique atravessou o rio para recuperar as aldeias, os britânicos imediatamente declararam guerra, afirmando que os siques tinham rompido os termos do Tratado de Amritsar. Foi o início da Segunda Guerra Anglo-Sique. Nos quatro meses seguintes, os siques travaram quatro batalhas com os britânicos. Foram derrotados em todas elas, e milhares de soldados siques morreram. Embora lutassem com bravura, os siques tinham uma liderança fraca. Depois da última batalha, os britânicos marcharam diretamente para Lahore para fazer um acordo com o governo sique.

O Tratado de Lahore O Tratado de Lahore foi assinado em março de 1846. Sob seus termos, todo o território ao sul do rio Sutle foi entregue aos britânicos. Estes também ficaram com as terras entre os rios Sutle e Beas. Essa região fértil chamada Jullundur Doab cobria uma área de 29.525 km².

Grande parte do reino sique foi para Gulab Singh, governante não sique do reino de Jammu, ao norte, que fizera uma aliança secreta com os britânicos durante a guerra. Como recompensa pela cooperação, ele recebeu uma grande extensão de terra no norte do Punjabe, além do reino nortista da Caxemira. Esta fora cedida aos britânicos pelo Tratado de Lahore, mas logo depois de assinar o tratado eles venderam a Caxemira a Gulab Singh pela quantia de um milhão de libras. O Tratado de Lahore deixou aos siques menos de dois terços de seu reino original. Eles também tiveram de concordar com grande redução do exército e com o pagamento de 1,5 milhão de libras aos britânicos.

Ressentimento sique Depois da Primeira Guerra Anglo-Sique, soldados britânicos ficaram em Lahore. O governo sique estava um caos, e os britânicos anunciaram que cuidariam das terras siques até o marajá Dalip Singh, então com 8 anos, chegar à maioridade. Isso deixou os siques profundamente insatisfeitos. Eles se irritaram ainda mais com o tratamento dispensado à maharani Jind Kaur, mãe do jovem marajá Dalip Singh. A maharani tinha personalidade forte e muitos apoiadores poderosos dispostos a lutar por ela e pelo filho. Os britânicos a consideraram uma ameaça à sua autoridade e a

Soldados siques e britânicos entram em feroz combate corpo a corpo na batalha de Chillianwala (1849). A batalha terminou com vitória sique.

exilaram na cidade de Varanasi, na Índia britânica. Sua fortuna foi muito reduzida, e a maioria de suas joias foi confiscada. Esse tratamento humilhante da mãe do monarca enraiveceu muitos siques.

Em abril de 1848, começou uma revolta em Multan, no sul do Punjabe, depois que os britânicos tentaram substituir o governante local por um governador britânico. Soldados britânicos marcharam sobre Multan, e os siques se uniram para combatê-los. Foi o início da Segunda Guerra Anglo-Sique.

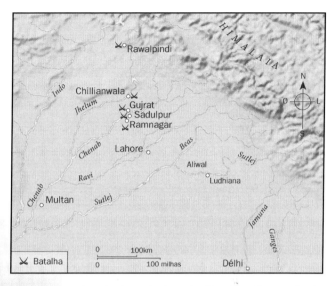

Locais importantes da Segunda Guerra Anglo-Sique (1848-1849)

Segunda Guerra Anglo-Sique

Na primeira batalha da guerra, travada em novembro de 1848 em Ramnagar, perto do rio Chenab, os siques estavam em grande desvantagem numérica mas conseguiram derrotar os britânicos. Seguiu-se outra batalha em Sadulpur, alguns quilômetros mais ao norte, mas dessa vez não houve vencedor óbvio. Entretanto, em janeiro de 1849 os siques tiveram uma clara vitó-

BRAVOS GUERREIROS

Os britânicos ficaram impressionados com a bravura dos soldados siques contra quem lutavam. Mais tarde, lorde Hugh Gough, comandante dos soldados britânicos, descreveu "a coragem esplêndida de nosso inimigo caído" e "os atos de heroísmo demonstrados pelo exército sique". Gough continuou: "Eu poderia ter chorado ao assistir ao medonho massacre de um corpo de homens tão dedicados."

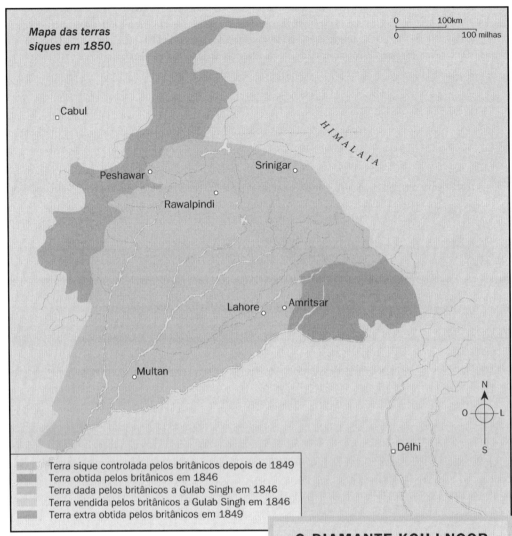

Mapa das terras siques em 1850.

- Terra sique controlada pelos britânicos depois de 1849
- Terra obtida pelos britânicos em 1846
- Terra dada pelos britânicos a Gulab Singh em 1846
- Terra vendida pelos britânicos a Gulab Singh em 1846
- Terra extra obtida pelos britânicos em 1849

ria em Chillianwala, perto do rio Jhelum. Surpresos e alarmados, os britânicos reuniram suas forças para a batalha seguinte e, em fevereiro de 1849, um exército muito reforçado enfrentou os siques em Gujrat, no rio Chenab, ao norte de Sadulpur. Os britânicos tinham um efetivo total de cerca de 68.000 soldados, enquanto os siques tinham apenas vinte mil. Depois de duas horas de combate, ficou claro que os britânicos venceriam, e os siques recuaram para a cidade de Rawalpindi, cerca de 160 quilômetros ao

O DIAMANTE KOH-I-NOOR

Um dos maiores tesouros pertencentes ao jovem marajá Dalip Singh foi o famoso diamante Koh-i-noor, segundo se dizia o maior do mundo. Quando os britânicos derrotaram os siques na Segunda Guerra Anglo-Sique, Dalip Singh foi forçado a entregar o diamante à rainha Vitória. Essa gema famosa ainda pertence à família real britânica, mas alguns siques fazem campanha para que seja devolvida à Índia.

norte. Em março de 1849, os siques entregaram Rawalpindi aos britânicos, e a Segunda Guerra Anglo-Sique chegou ao fim.

A anexação do Punjabe Depois da Segunda Guerra Anglo-Sique, os britânicos assumiram o controle de todas as terras siques. Em junho de 1849, o Punjabe foi dividido em 27 distritos governados por administradores britânicos, que cobravam tributos, administravam a força policial local e os tribunais e mantinham controle estrito de todas as indústrias e fazendas. Em 1858, a Índia se tornou parte do Império Britânico, que reforçou o domínio do Punjabe. Os britânicos construíram canais e ferrovias, e a região se tornou próspera na agricultura e no comércio. Os britânicos também incentivaram os siques a entrar no exército britânico, recompensando-os com concessões de terras.

Agitação sique Em termos gerais, as relações entre siques e britânicos eram amistosas, mas houve problemas, causados principalmente pela insensibilidade britânica em relação à religião sique. Por exemplo, a polícia britânica, que controlava o terreno do Templo Dourado de Amritsar, permitiu que hinduístas erigissem ídolos lá, embora isso fosse contrário às leis religiosas siques.

No fim da Primeira Guerra Mundial (1914-1918), também cresceu o sentimento de revolta na Índia. Um movimento nacionalista indiano começou uma campanha para libertar a Índia do domínio britânico. Um dos principais personagens do movimento foi Mohandas Gandhi, ex-advogado hinduísta. Ele conquistou muitos partidários entre os siques com sua campanha pacífica e não violenta pela independência indiana.

O Massacre de Amritsar Os britânicos começaram a sentir que sua autoridade estava ameaçada no Punjabe. Quando

Monumento aos mortos de Jallianwala Bagh em Amritsar.

receberam a notícia de um comício nacionalista em Amritsar, planejado para abril de 1919, entraram em ação. Em 11 de abril, o brigadeiro-general Reginald Dyer chegou a Amritsar com seus soldados e, no dia seguinte, declarou ilegais todas as reuniões. Em 13 de abril, os nacionalistas se reuniram mesmo assim em Jallianwala Bagh, um terreno baldio perto do Templo Dourado. Nesse dia, os siques também celebravam o Baisakhi, o festival de primavera (ver quadro na página 194). Muitas famílias foram ao culto no templo e depois se dirigiram a Jallianwala Bagh para ouvir os discursos. Era uma manifestação pacífica, mas Dyer ordenou aos soldados que atirassem na multidão. Pelo menos 379 homens, mulheres e crianças morreram. O mundo ficou horrorizado com o massacre, mas Dyer não se desculpou. Mais tarde, disse que seu objetivo fora "provocar terror [...] em todo o Punjabe".

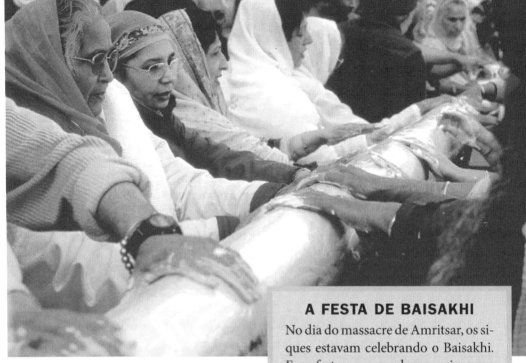

Siques participam da festa anual de primavera de Baisakhi. Na festa, a bandeira sique é trocada e o mastro, lavado com iogurte para se preparar para o novo ano.

Os planos da Partição Na década de 1920, a situação no Punjabe estava muito tensa. Os siques não tinham esquecido o massacre de Amritsar, e muitos se sentiam insatisfeitos com o domínio britânico. Enquanto isso, em todo o país os indianos faziam campanha pela independência. Na década de 1930, enquanto o movimento nacionalista crescia sem parar, muçulmanos e hinduístas se esforçavam para concordar em como seria governada a Índia independente. Em 1940, os muçulmanos começaram a exigir a partição da Índia e a criação de um país muçulmano separado. Esse novo país, que seria chamado de Paquistão, incluiria partes do Afeganistão e o oeste do Punjabe. Isso significava dividir ao meio a pátria dos siques.

> **A FESTA DE BAISAKHI**
> No dia do massacre de Amritsar, os siques estavam celebrando o Baisakhi. Essa festa para receber a primavera é oriunda da religião hinduísta. Ela também marca o Ano Novo sique e o aniversário da formação da *khalsa* pelo guru Gobind Singh. O Baisakhi é comemorado pelos siques até hoje. Durante o Baisakhi, a bandeira Nishan Sahib que tremula diante de cada *gurdwara* é substituída por uma bandeira nova e limpa. Ao mesmo tempo, o mastro é lavado com iogurte, símbolo de pureza e limpeza.

Os siques eram adversários ferrenhos da Partição. Para eles, a divisão do Punjabe significava o fim do sonho de um estado sique unido e independente. Em 1946, um grupo de líderes siques apresentou suas reclamações ao líder muçulmano Mohammad Ali Jinna. Nessa reunião, Jinna apresentou o plano de proteger os siques no novo Paquistão, mas eles o rejeitaram.

No dia seguinte, os siques anunciaram à imprensa que nunca aceitariam o Paquistão. Isso provocou uma série de revoltas no Punjabe, nas quais muçulmanos atacaram siques. Enquanto isso, o planejamento da Partição continuava. Os siques eram muito menos numerosos do que os hinduístas e muçulmanos, e suas opiniões foram facilmente ignoradas.

A partição do Punjabe Em 14 de agosto de 1947, ocorreu a Partição da Índia, e o novo país do Paquistão passou a existir, formado por Paquistão Ocidental e Paquistão Oriental. Nas semanas e meses seguintes, houve massacres terríveis no Paquistão Ocidental quando os muçulmanos tentaram expulsar siques e hinduístas de seu novo país. Milhares de siques foram expulsos de seus lares, e muitos santuários e lugares sagrados foram destruídos. Centenas de milhares de siques foram mortos, e quase 40% da comunidade sique na Índia se tornaram refugiados e tiveram de reconstruir a vida a partir do nada. Hoje, pouquíssimos siques vivem no Paquistão, e a maioria dos lugares sagrados siques no país está em ruínas.

Protestos A comunidade sique levaria muitos anos para se recuperar do caos e da destruição causados pela Partição. Os siques do Punjabe Oriental (governado pela Índia) estavam decididos a reconstruir sua vida e, no fim da década de 1950, a agricultura voltava a prosperar. Na década de 1960, o Punjabe oriental foi a principal área de produção de arroz e trigo na Índia. Enquanto isso, o governo indiano oferecia apoio financeiro a novas indústrias em muitas regiões do país, mas não no Punjabe Oriental. Os siques se queixaram de que o governo tratava o Punjabe como "celeiro da Índia", mas não lhe dava a oportunidade de se modernizar.

Uma das muitas reuniões realizadas em 1947 para discutir a Partição. Na extrema esquerda está Sardar Baldev Singh, representante sique. Inclinado à frente sobre a mesa está Pandit Nehru, futuro primeiro-ministro da Índia.

SIQUISMO

Em 1966, o governo indiano reorganizou o Punjabe Oriental em três distritos: Himachal Pradesh, Haryana e Punjabe. A maioria dos santuários sagrados dos siques ficava no novo distrito do Punjabe, que se tornou sua pátria, enquanto os outros distritos tinham governantes hinduístas. Mais uma vez, as terras siques foram grandemente reduzidas.

Na década de 1970, cresceu a insatisfação da comunidade sique com a falta de apoio do governo à indústria, a divisão da região do Punjabe e a falta de representação sique no governo. Alguns siques começaram a manifestar sua insatisfação em manifes-

O mapa mostra a região do Punjabe depois de 1966.

CALISTÃO

A ideia do Calistão, um país separado para os siques, nasceu em 1947, quando muçulmanos indianos ganharam um país próprio, o Paquistão. Nas décadas de 1980 e 1990, alguns grupos siques usaram violência em sua luta pelo Calistão. Hoje, alguns siques ainda fazem campanha pela criação do país, mas com meios principalmente pacíficos. O Conselho do Calistão está sediado em Washington, capital dos EUA. Essa organização tenta obter apoio internacional para a criação de uma nação sique independente.

Abaixo: Jarnail Singh Bhindranwale com um grupo de seguidores no Templo Dourado de Amritsar. Ele acreditava que os siques deviam lutar até a morte pela oportunidade de construir um país próprio.

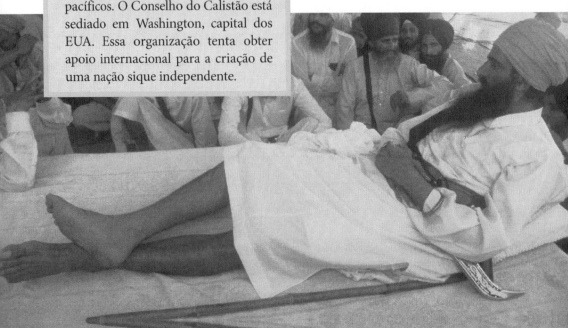

Siques revoltados ocupam as ruas de Amritsar em junho de 1984 para protestar contra a remessa de tropas para o Templo Dourado.

tações de protesto. Eles exigiam um estado independente para os siques, que chamavam de Calistão, devido à palavra *khalsa*, a comunidade dos siques criada pelo guru Gobind Singh.

Jarnail Singh Bhindranwale Um dos principais personagens da campanha pelo Calistão era Jarnail Singh Bhindranwale, homem devoto mas feroz que acreditava que os siques deviam se preparar para lutar até a morte pelo Calistão. Ele foi violentamente combatido pelo governo indiano comandado pela primeira-ministra Indira Gandhi, numa política hábil que deu a Bhindranwale a liberdade de falar o que quisesse. Ele aparecia com frequência no rádio, na televisão e nos jornais, e os indianos começaram a acreditar que representava os siques. Muitos temeram que Bhindranwale estivesse preparando os siques para uma revolta violenta.

Em 1983, Bhindranwale foi acusado de organizar uma manifestação violenta contra o governo. Foi preso por pouco tempo e logo libertado. Depois disso, ele se asilou na segurança do Templo Dourado de Amritsar. Com um grupo de seguidores, trancou-se num prédio dentro do complexo do templo. Eles fortaleceram as defesas do prédio e se armaram com um pequeno arsenal. Estava pronto o palco para um dos eventos mais terríveis da história sique.

Operação Estrela Azul Na primavera de 1984, um grupo de manifestantes siques queimou em público uma página da constituição indiana, como um ato de protesto simbólico contra o governo do país. Indira Gandhi decidiu que estava na hora de dar fim à resistência sique. Em junho de 1984, a Operação Estrela Azul ("Blue Star") entrou em ação: tanques do exército indiano entraram no complexo do templo de Amritsar, e Bhindranwale foi morto a tiros com seus seguidores. Muitos prédios do templo ficaram danificados, e o Akal Takht (um dos Cinco Takhts, ver a página 198) foi completamente destruído. O exército também atacou outros 37 santuários em todo o Punjabe e matou centenas de siques.

A Operação Estrela Azul surpreendeu e enraiveceu os siques do mundo inteiro. Eles ficaram especialmente furiosos porque seu santuário mais sagrado fora atacado. Em 31 de outubro de 1984, dois guarda-costas siques da primeira-ministra decidiram se vingar e assassinaram Indira Gandhi no jardim de casa.

Revoltas antissiques O assassinato de Indira Gandhi provocou uma onda de violência vingativa contra os siques. Em todo o norte da Índia, siques foram atacados, muitos deles esfaqueados ou queimados vivos. Em Délhi, os protestos duraram quatro dias e noites, e o governo nada fez para impedi-los. Alguns siques reagiram formando grupos de combate, e houve mais choques entre siques e hinduístas nas décadas de 1980 e 1990.

Siques no mundo Entre os primeiros emigrantes siques estavam os soldados do exército britânico. Na década de 1870, eles foram mandados a outros países e estacionados em colônias britânicas como Malásia, Hong Kong e Cingapura. Mais tarde, voltaram a esses países para integrar a polícia ou como guardas de segurança. Mais ou menos na mesma época, muitos jovens siques começaram a perder a paciência com a escassez de terras e a falta de empregos no Punjabe e acharam que seria melhor abandonar a Índia. Na década de 1880, muitos siques foram para a Austrália. De lá, alguns partiram para a Nova Zelândia e Fidji.

Alguns passaram alguns anos no exterior, enviando dinheiro para as famílias em casa, e depois retornaram à Índia. Outros se instalaram permanentemente no novo lar. No entanto, a emigração sique para a Austrália

> **O HARIMANDIR SAHIB E O AKAL TAKHT**
>
> Os dois prédios mais importantes no complexo do templo de Amritsar são o Harimandir Sahib e o Akal Takht. A construção do Harimandir Sahib, ou santuário sagrado, começou no século XVI com o guru Arjan. É o lugar mais sagrado da religião sique e lar do *Guru Granth Sahib* original, o livro sagrado dos siques. O guru Arjan escolheu construir o Harimandir no centro de um lago porque os lagos — "reservatórios de néctar" — simbolizam o mundo espiritual. O Akal Takht ("trono do Senhor todo-poderoso") foi construído pelo guru Hargobind no século XVII. É um tipo de parlamento, onde os líderes da religião sique se reúnem para decidir questões importantes.

terminou na década de 1900, quando o país impôs restrições mais rígidas à imigração.

Canadá e Estados Unidos Em 1897, como parte da comemoração do Jubileu de Diamante da rainha Vitória, vários regimentos britânicos percorreram o Canadá. Essa

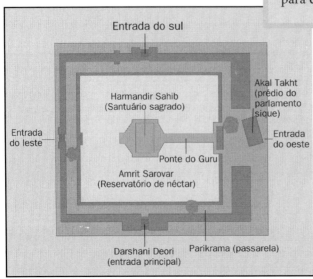

Planta-baixa do complexo do templo de Amritsar.

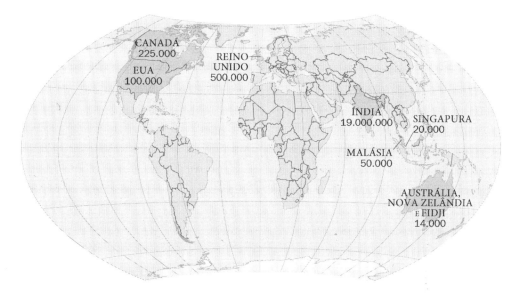

Número aproximado de siques em algumas regiões do mundo hoje.

experiência pessoal com o país levou alguns siques desses regimentos a emigrarem para lá. No início da década de 1900, muitos siques se estabeleceram no Canadá, trabalhando principalmente como lenhadores. Mais ou menos nessa época, alguns siques também emigraram para os EUA. O primeiro gurdwara sique nos EUA foi construído em 1915 em Stockton, na Califórnia, junto aos trilhos da Southern Pacific Railway. Os siques ficaram famosos pela caridade e ofereciam comida e abrigo aos sem teto que caminhavam pelos trilhos. Grandes povoados siques se formaram no litoral oeste da América do Norte, principalmente na Colúmbia Britânica, no estado de Washington, no Oregon e na Califórnia. Na década de 1920, os governos americano e canadense resolveram impor restrições rígidas à imigração de siques.

O Akal Takht, localizado no complexo do Templo Dourado de Amritsar O prédio moderno é uma estrutura de cinco andares, com marchetaria em mármore e uma cúpula folheada a ouro.

África oriental Os siques tiveram papel importante no desenvolvimento industrial da África oriental. De 1896 a 1901, carpinteiros, ferreiros e pedreiros siques foram para lá ajudar a construir ferrovias. Depois das obras terminadas, muitos siques ficaram e outros se mudaram para lá, trabalhando como agricultores, funcionários

Mulheres siques preparam comida na cozinha de um gurdwara no Reino Unido. O Reino Unido foi um dos primeiros países fora da Índia a ter uma população sique substancial.

APRENDIZADO DO PUNJABI

Fora da Índia, os siques formam grupos sociais muito unidos. Encontram-se regularmente em seus *gurdwaras*, que são tanto lugares de culto quanto centros sociais da comunidade sique. No *gurdwara*, as crianças aprendem a falar punjabi e a ler e escrever gurmukhi, sua forma escrita. Aprender punjabi permite que os jovens siques entendam os ensinamentos de sua religião e lhes dá um vínculo forte com a pátria sique na Índia.

públicos e policiais. Em 1972, Idi Amin, presidente de Uganda, expulsou todos os siques do país. Alguns siques ugandenses voltaram à Índia, mas muitos preferiram ir para a Grã-Bretanha.

Siques no Reino Unido O primeiro emigrante sique na Grã-Bretanha foi o marajá Dalip Singh, o jovem governante sique que perdeu o trono depois da vitória britânica na Segunda Guerra Anglo-Sique. Ele visitou a rainha Vitória em 1854 e comprou uma casa grandiosa em Suffolk. Os siques começaram a se instalar no Reino Unido em 1911, e o primeiro gurdwara na Grã-Bretanha foi construído naquele ano em Putney, no sudoeste de Londres. Mais siques chegaram depois da Primeira Guerra Mundial, mas a emigração sique para a Grã-Bretanha só aumentou mesmo na década de 1950. A maioria dos siques se instalou no Yorkshire, no Lancashire, nas Midlands e em Londres.

Jats e não jats No Reino Unido, surgiram dois grupos distintos de siques. Os primeiros imigrantes eram, principalmente, trabalhadores não especializados que,

SIQUES OCIDENTAIS

Em 1968, Harbhajan Singh Puri, um mestre espiritual sique, partiu da Índia para ensinar ioga no Canadá. Logo ele se mudou para a Califórnia, onde ensinou ioga a alunos americanos e também lhes explicou os princípios do siquismo. Não demorou para que um grande grupo quisesse seguir seu modo de vida. Tornaram-se vegetarianos e abandonaram bebidas alcoólicas, fumo, drogas e sexo extraconjugal. Passavam parte do dia meditando sobre os textos siques. No final de 1969, alguns alunos de Harbhajan entraram na religião sique. Foram os primeiros de um número crescente de siques ocidentais. Seu movimento é conhecido como 3HO, que significa Healthy, Happy, Holy Organization (organização saudável, feliz e sagrada). Eles usam roupas e turbantes punjabis brancos. Hoje, há mais de dez mil siques ocidentais, principalmente nos EUA.

a princípio, pertenciam à casta hinduísta dos intocáveis. No Reino Unido, costumavam trabalhar como vendedores ambulantes, indo de casa em casa com a mala cheia de mercadorias. Na década de 1950, outro grupo de siques chegou à Grã-Bretanha. Vinham principalmente da casta camponesa dos jats, de famílias de agricultores com terras próprias na Índia. Na Grã-Bretanha, os jats e os não jats passaram a frequentar gurdwaras separadas. Essa divisão também se encontra em comunidades siques em outras partes do mundo. Muitos siques estão descontentes com essa divisão, contrária aos ensinamentos do guru Nanak, que rejeitava o sistema de castas e pregava que todas as pessoas são iguais.

Religião próspera Embora tenha sido criada há apenas quinhentos anos, o siquismo é uma importante religião mundial. É a quinta maior fé do mundo, depois do cristianismo, do islamismo, do hinduísmo e do budismo. Hoje, há cerca de 27 milhões de siques no mundo.

Uma jovem sique americana do norte do Novo México. O movimento sique ocidental (3HO ou Healthy, Happy, Holy Organization) é mais forte no sudoeste dos EUA.

LINHA DO TEMPO

a.C.

c. 3000 De acordo com a tradição hinduísta, Krishna aparece na Terra e recita o Bhagavad Gita (Canção de Deus). Começa a Kali Yuga (era do ferro).

c. 1800 Com seu clã, Abraão parte de Ur, na Mesopotâmia, e vai para Canaã.

c. 1500-500 Os Vedas são compostos no antigo idioma sânscrito.

c. 1000 Criado o reino de Israel; Saul é o primeiro rei.

928 Morre o rei Salomão. As tribos israelitas do norte criam o reino de Israel; as tribos do sul, o reino de Judá.

722 Os assírios capturam Samaria e deportam os israelitas.

586 Os babilônios conquistam Jerusalém, destroem o Templo e derrotam o reino da Judeia.

c. 563 Sidarta Gautama nasce em Lumbini, no Nepal.

538 O rei Ciro, o Grande, da Pérsia conquista Babilônia e permite que os judeus que lá moravam voltem à pátria.

c. 500 Entre os hinduístas, o puja (adoração do murti no templo) se torna popular a partir dessa época, e Vixnu, Shiva e Shakti surgem como divindades principais.

c. 483 Buda falece em Kushinagara, na Índia.

c. 482 O Primeiro Concílio Budista se realiza em Rajagrha.

c. 373 O Segundo Concílio Budista se realiza em Vaishali.

c. 321-184 Durante o Império Máuria, os grandes épicos hinduístas são registrados por escrito.

265-232 O budismo é promovido na Índia durante o reinado do imperador Açoca.

c. 250 O budismo chega ao Ceilão (Sri Lanka).

250 O Terceiro Concílio Budista se realiza em Pataliputra

164 Judas Macabeu comanda uma revolta judia e recaptura Jerusalém.

século I Compilado o Tipitaka, a escritura budista.

d.C.

século I As primeiras imagens de Buda são feitas em Gandara; o budismo chega à China e se estabelece na Indonésia.

c. 4 Nascimento de Jesus.

c. 28-30 Jesus ensina e cura na Palestina, e o cristianismo começa.

c. 33 Jesus é crucificado.

c. 35 São Paulo se converte ao cristianismo.

c. 46 São Paulo parte na primeira de suas três viagens missionárias.

64 O imperador Nero começa a perseguir os cristãos.

c. 65 São Marcos termina o primeiro Evangelho do Novo Testamento.

70 Os romanos conquistam Jerusalém e destroem o Segundo Templo.

100 O Quarto Concílio Budista se realiza na Caxemira.

132 Simon Bar Kochba comanda uma revolta judia e expulsa os romanos de Jerusalém.

135 Os judeus são derrotados; a maioria se dispersa por várias terras.

século IV O budismo provavelmente chega à Coreia

303 O imperador Diocleciano começa a perseguir os cristãos.

305 O missionário Frumêncio começa a converter o povo da Etiópia ao cristianismo.

313 O imperador romano Constantino promulga o Edito de Milão, que permitiu aos cristãos do império praticar sua religião.

320-550 O Império Gupta é uma época áurea para as artes hinduístas. Os Puranas são registrados por escrito.

325 Constantino convoca o Concílio de Niceia.

c. 350 São Basílio cria um conjunto de regras monásticas na Igreja do Oriente.

391 O imperador Teodósio adota o cristianismo como religião oficial do Império Romano.

393 O Novo Testamento é terminado.

século V A universidade budista de Nalanda chega ao ápice; o budismo se estabelece em Mianmar.

LINHA DO TEMPO 211

410	Santo Agostinho de Hipona começa a escrever A cidade de Deus.
c. 440	São Patrício começa a converter as tribos irlandesas ao cristianismo.
c. 500	São Bento cria a ordem monástica dos beneditinos.
século VI	O budismo se estabelece no Vietnã e chega ao Japão, partindo da Coreia.
500-1000	Os santos-poetas hinduístas do sul da Índia compõem poemas devocionais.
597	Santo Agostinho começa a converter ao cristianismo os anglos do sul da Inglaterra.
século VII	O budismo chega ao Tibete.
610	Maomé começa a receber em Meca as revelações do Corão.
622	Maomé e seus seguidores fazem a hégira até Iatreb (Medina).
630	Maomé ocupa Meca
632	Maomé morre.
632-661	Governo dos quatro primeiros califas islâmicos.
661-750	A dinastia omíada domina o mundo islâmico.
750-1258	A dinastia abássida domina o mundo islâmico; a partir de 940, os califas abássidas têm apenas autoridade simbólica.
756	Abderramão cria o califado de Córdoba na Espanha.
c. 780-812	O acharia Shankara restabelece a importância dos textos hinduístas.
c. 800	O monumento budista de Borobudur é construído em Java.
909	Fundado o primeiro mosteiro cluníaco.
909-1171	Os xiitas fatímidas governam o norte da África.
c. 925-1025	O acharia hinduísta Abhinavagupta lança as bases do xivaísmo na Caxemira.
988	A Rússia se torna um país cristão.
990-1118	O Império Seljúcida islâmico prospera.
1017-1137	O acharia hinduísta Ramanuja defende que, em última análise, Deus é pessoal.
1054	Cisma entre as igrejas ortodoxa e católica romana.
1095	O papa Urbano II conclama os cristãos à Primeira Cruzada.
1098	São Bernardo funda a ordem dos cistercienses.

1099	Os cruzados conquistam Jerusalém e criam estados cruzados na Palestina, na Anatólia e na Síria.
século XII	O budismo se torna a religião do Camboja e quase desaparece na Índia.
1187	O líder muçulmano Saladino recupera Jerusalém e funda a dinastia aiúbida.
1200-1500	Os muçulmanos dominam o norte da Índia. No sul, os reinos hinduístas prosperam, principalmente os da dinastia chola.
1206	Criado o Sultanato de Délhi.
1209	São Francisco cria a primeira ordem de frades franciscanos.
1215	São Domingos cria a ordem de monges dominicanos.
1250	A dinastia mameluca derrota os aiúbidas e governa o Egito e a Síria até 1517.
1256-1335	Os mongóis controlam o Irã e o Iraque de hoje.
1258	Os mongóis derrotam os abássidas e saqueiam Bagdá.
1290	Os judeus são expulsos da Inglaterra.
1309	O papa Clemente V se muda de Roma para Avignon.
1350	O budismo se torna a religião da Tailândia.
1369-1405	Tamerlão reverte o declínio do Império Mongol, que desmorona após sua morte.
1391-1475	Gedun Truppa é o primeiro Dalai Lama do Tibete.
1394	Os judeus são expulsos da França.
1453	O sultão otomano Maomé II conquista Constantinopla e dá fim ao Império Bizantino.
1469	O guru Nanak, fundador do siquismo, nasce no Punjabe.
1492	Os judeus são expulsos da Espanha.
1502	Xá Ismail funda a dinastia safávida, que dura até 1736.
1517	Martinho Lutero prende suas noventa e nove teses na porta da igreja de Wittenberg.
1520	Martinho Lutero é excomungado, marcando o início do luteranismo. Mais ou menos nessa época, o guru Nanak cria a primeira comunidade sique em Kartarpur.
1524	O primeiro estado muçulmano importante no sudeste da Ásia se estabelece em Achém.

212 LINHA DO TEMPO

1526	Babur conquista Délhi e funda o Império Mogol.
1534	O rei Henrique VIII anuncia que é o chefe supremo da Igreja da Inglaterra, dando início ao anglicanismo. Santo Inácio de Loyola funda a ordem dos jesuítas.
1539	O guru Angad se torna o segundo guru.
1541	João Calvino cria a igreja calvinista.
1545-1563	Líderes da Igreja Católica Romana se reúnem no Concílio de Trento.
1552	Guru Amar Das se torna o terceiro guru.
1556-1605	Akbar estende o poder mogol por quase todo o subcontinente indiano.
década de 1560	John Knox funda na Escócia a Igreja Presbiteriana.
1574	O guru Ram Das se torna o quarto guru.
1581	O guru Arjan se torna o quinto guru.
1604	Termina a construção do templo sique de Amritsar.
1606	O guru Arjan é torturado até a morte pelo imperador mogol Jahangir. O guru Hargobind se torna o sexto guru
1612	Os separatistas, depois chamados de batistas, se estabelecem na Inglaterra.
1618	Começa na Alemanha a Guerra dos Trinta Anos entre católicos e protestantes.
1620	Os peregrinos, um grupo de puritanos e separatistas, criam uma colônia na América do Norte.
1631	Os siques derrotam os mogóis na Batalha de Lahira.
1634	Os siques derrotam os mogóis na Batalha de Kartarpur.
1644	O guru Har Rai se torna o sétimo guru.
década de 1650	Formação da Sociedade dos Amigos, cujos membros são chamados de quacres.
1661	O guru Har Krishan se torna o oitavo guru.
1664	O guru Tegh Bahadur se torna o nono guru.
1675	O guru Tegh Bahadur é torturado até a morte pelo imperador mogol Aurangzeb. O guru Gobind Singh se torna o décimo guru.
1699	O guru Gobind Singh forma a khalsa.

c.1706	O guru Gobind Singh termina o Guru Granth Sahib.
1708	O guru Gobind Singh morre, atacado por assassinos muçulmanos. Banda Singh começa a conquistar terras mogóis.
1715	Banda Singh é derrotado pelos mogóis.
1738	John Wesley começa a pregar uma nova forma de cristianismo e dá início ao metodismo.
1739	Nadir Xá invade o norte da Índia e saqueia Délhi.
1757	Depois da Batalha de Plassey, a Índia cai sob o domínio britânico.
1779	A dinastia Qajar assume o poder no Irã.
1801	Ranjit Singh se declara marajá do Punjabe.
1808	Forma-se o sultanato de Sokoto, no norte da atual Nigéria.
1809	Ranjit Singh assina com os britânicos o Tratado de Amritsar.
1828	Fundação do Brahmo Samaj, uma das muitas organizações que buscam reformar o hinduísmo, principalmente como reação à influência europeia.
1830	A partir dessa época, muitos hinduístas começam a migrar para Fidji, Malásia, Ilhas Maurício, Caribe, África oriental e África do Sul.
1845-1846	A Primeira Guerra Anglo-Sique termina com vitória britânica. Siques e britânicos assinam o Tratado de Lahore.
1848-1849	A Segunda Guerra Anglo-Sique termina com vitória britânica. Os britânicos ocupam todas as terras siques.
1857	Revolta dos Cipaios contra os britânicos na Índia.
1858	A Índia passa a fazer parte do Império Britânico.
1861	William Booth funda o Exército da Salvação.
1869	Nasce o Mahatma Gandhi, grande lutador pela independência indiana.
década de 1870	Começa a emigração sique da Índia.
1881	Fundação da Pali Text Society para recolher e traduzir para o inglês os textos budistas.

LINHA DO TEMPO 213

1897	Fundação da Organização Sionista Mundial.
década de 1900	Começa o movimento pentecostal (ou carismático) em Los Angeles, nos EUA.
1908	A primeira Sociedade Budista é fundada na Grã-Bretanha.
1917	A Declaração de Balfour exprime o apoio britânico a uma pátria judaica na Palestina.
1919	Centenas de siques são mortos no Massacre de Amritsar.
1928	No Egito, Hassan al-Banna funda a Irmandade Muçulmana.
1930	A primeira Sociedade Budista é fundada nos EUA.
1938	Durante a Kristallnacht, propriedades de judeus são destruídas em toda a Alemanha e na Áustria.
1943	Os judeus iniciam um levante contra os nazistas no Gueto de Varsóvia.
1947	A Índia conquista a independência, e o país é dividido em Índia, com maioria hinduísta, e Paquistão, com maioria muçulmana.
1948	Cria-se o Estado de Israel; cerca de 750 mil palestinos fogem.
1948	Fundado o Conselho Mundial de Igrejas.
décadas de 1950 a 1970	Muitos hinduístas migram para a América do Norte (saídos da Índia), para o Reino Unido (saídos da África oriental e da Índia) e para outros países, como a Holanda e a Austrália.
1959	O Dalai Lama é forçado a fugir do Tibete.
1964	O patriarca e o papa se encontram na tentativa de sanar o cisma entre as igrejas ortodoxa e católica romana.
1966	A região do Punjabe é dividida em três estados.
1967	Israel se choca com os vizinhos árabes na Guerra dos Seis Dias. Jerusalém inteira cai sob controle israelense. Fundada a Ordem dos Amigos do Budismo Ocidental (OABO ou, em inglês, FWBO).
década de 1970	O movimento católico da teologia da libertação começa na América do Sul.
1979	Uma revolução no Irã cria o governo islâmico do aiatolá Khomeini.
1984	Uma operação israelense de resgate leva os judeus etíopes para Israel. Indira Gandhi ordena a Operação Estrela Azul contra os siques. Dois siques a assassinam e provocam revolta antissique.
1987-1993	Os palestinos travam a Primeira Intifada contra o domínio israelense.
1989	O Dalai Lama ganha o Prêmio Nobel da Paz.
1990	Grande número de judeus russos emigra para Israel depois da queda da URSS.
1994	Israel assina um tratado de paz com a Jordânia.
1996	O grupo islamista Talibã assume o poder no Afeganistão.
2000	Cristãos do mundo inteiro comemoram dois mil anos de cristianismo.
2000-2005	Os palestinos travam a Segunda Intifada contra o domínio israelense.
2001	Terroristas islamistas fazem um atentado nos EUA e matam cerca de três mil pessoas.
2003	Os EUA encabeçam uma guerra contra o Iraque e ocupam o país.
2014	Um grupo que se denomina Estado Islâmico ocupa terras no Iraque e na Síria e cria um novo "califado".

ÍNDICE REMISSIVO

Abássida, Império 88-89
Abraão 16, 17
Açoca, imperador indiano 158
  editos de Açoca 159
Afeganistão: islamismo 111
al-Banna, Hassan 105
Alemanha
  budismo 177
  judaísmo 32, 33, 37
  nazismo 37-38
Amritsar
  Akal Takht 205, 206
  ataque a (Operação Estrela Azul)
  205
  Harimandir Sahib 206
  massacre de 201
  templo de 188-89
  Tratado de 196
Anglicana, Igreja 69
antissemitismo 24, 26-27, 34-5
Arábia Saudita: islamismo 106-7
Arjan, guru sique 188-89
asquenazitas 30
Averróis (Ibn Rushd) 90

batistas 72
Barroco 71
Ben-Gurion, David 41
Bhindranwale, Jarnail Singh 205
Bíblia
  Atos dos Apóstolos 52
  Novo Testamento 49
Borobudur, Indonésia 163
budismo 148-179
  na China 166-7
  Chinul e Chogye 168
  na Coreia 168
  Dalai Lama 173, 174
  declínio do 160-1
  diversas escolas 172
  disseminação do 156
  duas escolas 156
  engajado 174-8
  futuro do 180
  na Índia 176
  na Indonésia 163
  no Japão 168-70
  maaiana 156
  em Mianmar 164
  monges peregrinos 166
  mosteiros 162
  movimento Novo Kadampa 178
  Nobre Caminho Óctuplo 152
  no Ocidente 176-7, 178

Ordem dos Amigos do Budismo
  Ocidental (OABO ou FWBO)
  178
perguntas do rei Milinda 157
Primeiro Concílio Budista 154
sanga 154, 155
Segundo Concílio Budista 155
no Sri Lanka 161-2
no sudeste da Ásia 175
na Tailândia 165-6
tântrico 171
teravada 156
textos 170
no Tibete 170-4
Tipitaka 156, 166
no Vietnã, no Camboja e no Laos
  165
  ver também Sidarta Gautama
  (Buda)

Cabala 24
Calistão 204
Calvino, João 68
Camboja: budismo 165-175
Canadá: siquismo 207
caraísmo 23
Católica Romana, Igreja 67-70
China
  budismo 166-7
  invasão do Tibete 174
  judaísmo 28
  monges peregrinos 166
Chinul, monge budista 168
Chogye, monge budista 168
Chola, Império 125, 126
conflito árabe-israelense 41-3, 109
cristianismo 46-79
  ajudar 79
  na América do Norte 72-3
  anglicanos 69
  batistas 72
  bispos, diáconos e padres 56
  calvinismo 68
  católicos romanos 67-70
  cisma Oriente-Ocidente
  Contrarreforma 70-1
  crescimento dos mosteiros 62-3
  Cruzadas 65-6
  dissolução dos mosteiros 70
  na Etiópia 61
  evangelismo 74, 76
  fundamentalistas 78
  guerras religiosas 71
  Igreja antiga 55
  Igreja Ortodoxa 77

e o Império Romano 57-9
início da Idade Média 60-1
inquisição espanhola 25
judaísmo 22, 25-6
luteranismo 67-68
mártires 53
mensagem cristã 52-3
metodistas 74
missionários 75
movimento carismático 76
mulheres sacerdotes 78-9
papado 65
perseguição 56
presbiterianos 69
protestantes 67
puritanos 72
quacres 73
reconquista da Espanha 25
Santíssima Trindade 53
Segundo Grande Despertar
  74
símbolos 56
teologia da libertação 76
Constantino, imperador romano
  57-58
Corão 83
Coreia
  budismo 168
  Chinul e Chogye 168
Cruzadas 65-6, 91-2
Cuxana, Império 159

Dalai Lama 173, 174
Dan Fodio, Usman 103
dominicanos 63

Egito: islamismo 104
eremitas 58
Estados Unidos da América
  budismo 177, 178
  cristianismo 72-3, 74-3
  judaísmo 35, 36
  organizações judaicas de auxílio
  36
  siquismo 207, 209
Etiópia
  cristianismo 61
  judaísmo 28-29
evangelismo 74, 76
Exército da Salvação 75

Fatímida, Império 90
França
  budismo 177
  islamismo 106

ÍNDICE REMISSIVO   215

franciscanos 63
fundamentalismo 78

Gandara 157
Gandhi, Mohandas K. 138-41, 201
Gobind Singh, guru sique 191-3
Grã-Bretanha
  budismo 176-7, 178
  domínio britânico da Índia 104, 135-6, 194-5
  Palestina 37, 38, 39
  siquismo 208
Grande Cisma do Ocidente 65
Grécia 19
Guerra Anglo-Sique, Primeira 197-199
Guerra Anglo-Sique, Segunda 199-200
Gupta, Império 125, 160
gurdwaras 190
gurmukhi 187
Guru Granth Sahib 193

Halachá 17, 22, 44
haredi, judaísmo 33
Hargobind, guru sique 190
hassidismo 31
Hebrom 18
Henrique VIII, rei da Inglaterra 68-70
hinduísmo 114-7
  acharias 129, 130
  na África 138
  arianos 118-19, 120-21
  Bhagavad Gita 118, 119, 121, 138
  como caminho espiritual 147
  cultura 137, 145
  darma 116, 119, 123
  e emigração 137-38
  era védica 121-22
  estudiosos e filósofos 129
  filosofia vedanta 129
  história antiga 117
  identidade 146
  líderes e movimentos mundiais 145-6
  literatura védica 121
  Maabárata 117, 118, 121, 123
  movimentos bhakti 128, 133, 134
  movimentos de reforma 136
  mulheres no 145
  murtis 122, 123
  música, mantras e dança 134
  origem 118-21
  papel do templo 127
  e a política indiana 146
  puja 123, 124
  Puranas 121, 125
  Ramaiana 117, 121, 123

reinos hinduístas 122, 133
saniasi 130, 143
e Sidarta Gautama (Buda) 151
sistema de castas 124, 132, 140
sistema social 132
no sudeste da Ásia 126, 138
"terra sagrada" 141
tradições 125
vacas 136
valores 138
Vedas 116, 117, 121
Hitler, Adolf 37-38
Holocausto 38-39

Iêmen: judaísmo 27
imprensa 68
Índia
  budismo 176
  domínio britânico 104, 135-6, 194-5
  extremismo 108
  independência 140-1
  islamismo 94, 103-4, 108-109, 131
  judaísmo 28
  migração da 143-4
  nacionalismo 138
  Partição 108-109, 141, 202-3
  política 146
  santos-poetas 126, 128
Indonésia
  Borobudur 163
  budismo 163
inquisição espanhola 25
Irã: islamismo 111
islamismo 80-113
  no Afeganistão 111
  na África 93, 102
  na Arábia Saudita 106-7
  Califado de Córdoba 89-90
  Cinco Pilares do Islã 84
  cisma sunitas-xiitas 87
  conflitos 111
  coraixitas 82, 84
  Corão 83
  Cruzadas 91-2
  domínio francês 106
  no Egito 104
  expansão do Islã 86-7
  extremismo 112
  Hadith 83
  hadji 107
  hégira 83
  e independência 108
  na Índia 94, 103-4, 108-109, 131
  no Irã 121
  jihad 91
  judeus no Islã 22-25, 29
  Maomé 82-4
  Meca 84

Medina 83
movimento reformista 101
movimento salafista 104
Oceano Índico 93
omíadas 85
radicais 110
reformas radicais 83
santuários 97
sufismo 86, 88
xaria 88-89
Israel 40-1
  conflito árabe-israelense 41-3, 109
  Estado de Israel 21, 40
  expansão de 41
  helenismo 19
  judaísmo em 43
  leis religiosas de 45
  reino de 17, 18
  sob o império persa 19
  sob os reis 18

Japão: budismo 168-70
Jerusalém 19, 109
  lugares sagrados em 109
  queda de 20, 21
  Templo 19, 20, 21
Jesus
  crucifixão e ressurreição 51-2
  ministério 50
  nascimento de 48
  prisão de 51
  Última Ceia 50
  vida de 49
judeus de Kaifeng 28
judaísmo 14-45
  na Alemanha 32, 33, 37
  antissemitismo 32, 34-5
  na China 28
  diáspora 20, 21, 44
  sob o domínio muçulmano 22-25, 29
  estudiosos, poetas e estadistas 24
  na Etiópia 28-29
  nos EUA 35, 36
  na Europa cristã 26
  na Idade Média 22
  no Iêmen 27
  Iluminismo 32
  e o Império Romano 20, 22
  na Índia 22
  em Israel 43
  migração 35
  mitnagdim 31
  mitzvot 16
  movimento conservador 44
  movimento reconstrucionista 45
  movimento de reforma 33, 44
  ortodoxia 33, 44
  perseguição 24, 26-27

216 ÍNDICE REMISSIVO

na Pérsia 27
na Rússia 34-5, 36
sionismo 34, 37, 39
socialismo 35
Talmude 22
Torá 16-7, 24, 25, 45
na União Soviética 42

Kaifeng: judeus 28
Koh-I-Noor, diamante 200

Lahore, Tratado de 198
Laos: budismo 165
levante do gueto de Varsóvia 38
Lutero, Martinho 67-68

Maabárata 117, 118, 121, 123
macabeus 20, 21
mamelucos 94
Maomé 82-4
Marpa, mestre budista 173
Máuria, Império 123, 158
Meca 84
mesquita de Suleimã, Istambul 97
Messias 44
metodismo 74
Mianmar: budismo 164
Milarepa, santo tibetano 173
Milinda, rei indo-grego 157
Mogol, Império 100-1, 132-3, 188-91
Moisés 16
mongóis 94-5
mosteiros
 budistas 162
 crescimento dos 62-3
 dissolução dos 70
 franciscanos e dominicanos 63
 ortodoxos 62
movimento carismático 76
Musa, Mansa 92

Nalanda, universidade de 161
Nanak, guru sique 135, 182-6
 estudo do hinduísmo 182-3
 estudo do islamismo 184
 hinos 186
 juventude 182
 morte 186
 Sultanpur 184
 viagens 184-5
nazismo 37-38
Niceia, Concílio de 58

Operação Estrela Azul 205
Ordem dos Amigos do Budismo
 Ocidental (OABO ou FWBO)
 178

Ortodoxa, Igreja 77
Otomano, Império 96-7, 102

Padmasambhava, mestre budista
 171
Palestina 37, 39, 40, 41-3
Paquistão 108-109, 141, 203
Partição da Índia 108-109, 141, 202-3
Páscoa 26, 27
peregrinos na América do Norte 72
peregrinações 65
Pérsia 19, 27
Polônia: levante do gueto de
 Varsóvia 38
Presbiteriana, Igreja 69
Primavera Árabe 113
Primeira Guerra Mundial 36-7, 201
Protestante, Igreja 67
Punjabe 201, 202-204
 anexação do 201
 língua 208
 partição do 203
puritanismo 72

quacres 73

Reino Unido *ver* Grã-Bretanha
Ricci, Matteo 28, 71
Romano, Império 20, 22, 57, 58-59
 queda do 58-59
Rumi 95
Rússia
 Igreja Ortodoxa 77
 judaísmo 34-5, 36, 42
Sacro Império Romano 64
Safávida, Império 98-99
Salomão, rei de Israel 18
sânscrito 118-19, 120
Santo Agostinho de Hipona 59
São Paulo 54-5
 epístolas 55
sefarditas 29, 30
Segunda Guerra Mundial 38
Seljúcida, Império 91
Sidarta Gautama (Buda) 150-1
 busca da verdade 152
 criação da sanga 154
 dificuldades 153
 e o hinduísmo 151
 iluminação 152
 morte 154
 nascimento de 150
 primeiros ensinamentos 152
 As Quatro Visões 151
 vida de 150-1
sionismo 34, 37, 39
siquismo 135, 180-209

na África oriental 207
agitação sique 201
Amritsar 188-89
Baisakhi, Festival de 202
bandeira sique 195
no Canadá e nos EUA 206-7
cerimônia do khalsa 193
dever do seva 189
Guerra Anglo-Sique, Primeira 197-99
Guerra Anglo-Sique, Segunda 199-200
guru Arjan 188-89
guru Gobind Singh 191-3
guru Granth Sahib 193
guru Hargobind 190
guru Nanak 135, 182-6
guru Tegh Bahadur 191
gurus 186-93
Hola Mohalla 196
jats e não jats 208-209
livro sagrado 188
migração de 206-7
nascimento do 135, 186
nomes 192
Partição 202-3
no Reino Unido 208
revoltas antissiques 206
no século XVIII 194
Singh, Ranjit 195
siques ocidentais 209
Singh, Ranjit 195-7
Sociedade Teosófica 177
Sri Lanka: budismo 161-2, 175
sufismo 86, 88
sunitas 87
Tailândia: budismo 165-6, 175
Talmude 22
Tamerlão 96
Tegh Bahadur, guru sique 191
Tibete
 budismo 170-4
 Dalai Lama 173, 174
 invasão chinesa 174
 Marpa e Milarepa 173
Tipitaka 156, 166
Torá 16-7, 24, 25, 45
Última Ceia 50
Vietnã: budismo 165, 175
Wali Allah, Xá 101
Wesley, John 74
xiitas 86, 87